SAITAMA

埼玉クルド人問題

KURDS CRISIS

メディアが報道しない
多文化共生、移民推進の真実

Journalist
石井孝明

KURDS CRISIS

ハート出版

はじめに――日本の「自死」の始まりか

「欧州は自死を遂げつつある。少なくとも欧州の指導者たちは、自死することを決意した。欧州の大衆がその道連れになることを選ぶかどうかは、もちろん別の問題だ」

英国のジャーナリスト、ダグラス・マレーは、二〇一七年に刊行した『西洋の自死――移民、アイデンティティ、イスラム』東洋経済新報社（原題は『The Strange Death of Europe（欧州の奇妙な死）』）という自著の冒頭でこう述べた。

マレーのいう「自死」とは、西欧諸国で各国政府の移民・難民の受け入れ政策で流入した大量の外国人によって治安が崩壊し、社会混乱が発生している現在進行する状況を指している。その変化によって、もともと住む国民が苦しみ、さらにイスラム教徒の移民の増加でキリスト教が作り出してきた西洋文明そのものが変質しつつある状況もいう。

似た状況が日本で発生しつつある。日本人が自らの手で、この文章の「欧州」という単語を「日本」と近いうちに置き換えるかもしれない。その恐怖と心配を抱きながら、私は本書を執筆した。

埼玉県南部で、ここに住むトルコ国籍であるクルド人の一部による問題行為によって、治安が悪化し埼玉県民が困っている。ところが行政、警察・検察は積極的にそれを取り締まらず、県民の苦しみを放置しているように思える。メディアや一部の政治勢力は住民の悲鳴を聞かず、伝えないどころか、声を上げる人を「ヘイト」「差別」と攻撃する。このクルド人らの大半は滞在資格がないのに「難民である」と嘘をついて日本にいる可能性が高い。日本政府が適切に取り締まれば、日本にいる事はなかった人たちだ。この状況が公の場でなかなか議論されず、メディアも伝えないために、問題を知らない人が多い。本書の報告を、多くの人が驚くだろう。

私はその苦しむ埼玉県民の声を集め、二〇二三年五月からボランティアで報道した。報道する人は当初は私しかいなかった。クルド人、取り巻きの日本人から「嫌がらせ」と思える訴訟や中傷を受けたが、逃げずに問題の発信を続けた。この問題に責任ある人の動きは鈍く、「見て見ぬふり」をする。しかし多くの賢明な日本国民が問題を知り、おかしいと声を上げ、是正するための動きを始めたことが救いだ。

本書では私の集めた情報をまとめ、紹介し、問題が解決しない理由を示し、解決のために何ができるかを読者の皆様と共に考えたいと思う。

日本政府は外国人を大量に受け入れる準備がまったくできていない。それが、この埼玉クルド人問題の取材と分析で、私が理解したことだ。日本の外国人への「優しさ」は世界に誇るべきものだが、悪意を持つ外国人に利用される隙を作ってしまった。

そして日本政府は移民受け入れ政策に舵を切った。今後は、世界から質があまり高くない外国人が、日本に定住を求めて押し寄せる。数千人のクルド人さえ日本政府、埼玉県は管理できない。これ以上、問題のある外国人の定住を増やせば、西欧諸国と似た混乱が埼玉で、そして全国で起こるだろう。それは日本のあり方を変えるほどの衝撃をもたらしかねない。

読者におかれては「やがて自分の身に、自分の住む地域社会に、外国人による同じ問題が起こりかねない」と考えながら、本書を読んでいただきたい。国を外国人に開放することの是非を日本人が立ち止まって考えられる、そして埼玉クルド人問題を解決できる最後の機会が本書の執筆時点だと思う。

政府による「日本の自死」に、私たち日本人が巻き込まれる必要はない。それを止めなければならない。埼玉クルド人問題を埼玉県民と共に解決し、そして外国人との付き合い方を考えるための一助として、本書を読んでいただければ幸いだ。

石井　孝明

二〇二四年（令和六年）十月一日

埼玉クルド人問題：目次

自分中心の異様な思考

学ばない在日クルド人、子供を不幸にする

埼玉にクルド系テロ組織の影

【埼玉県川口市の地図】
さいたま市
越谷市
県庁
草加市
川口市
蕨市
板橋区
北区
足立区
東京都
練馬区
群馬県
茨城県
埼玉県
東京都
千葉県

第一章　埼玉県民の声──広がるクルド人の違法行為

「不愉快なことを話さなければならないときは、できるだけ率直に話した方がいい」

オスカー・ワイルド（アイルランドの作家）

異様なナンパと女性の恐怖

◆拉致の危険を感じた女子高校生

トルコ国籍のクルド人によって埼玉県で何が起きているのか。県民の声を聞いてみよう。最初に女性の体験した恐怖を紹介する。二十代の同県川口市に住む大学生の話だ。

川口市に高校二年の時に引っ越して今でも住んでいます。高校は変わりませんでした。引越しした直後に週二日ぐらいの約束でお小遣いのために、××（市内地名）のコンビニで、アルバイトで働くことにしました。三年前（二〇二〇年）の秋です。

町を歩くと中東系の人が多いなと感じました。ネットで情報がなかったため、彼らがクルド人であることを知りませんでした。バイト初出勤の日曜日の夕方に中東系の男たちが駐車場にたむろしていて気味悪いなあと思いました。そのうち数人が私をジロジロ見るのです。新型コロナが流行中でしたがマスクをしていませんでした。

そしてお酒を買いにコンビニに入ってきて、二人が私に「トシハ」「ドコスンデルノ」と、レジに立っている私に聞きました。酔っ払っているようでした。日本語は下手でした。私は会計だけを処理し会話をしませんでした。

午後六時に勤務時間を終えました。仕事が終わり自転車で外に出て少し走ると、横に白い乗用車が停められ一人の男が車を降りて、前に立ち「コンバンワ」と話してきました。車には一人乗っていました。つけてきたのでしょう。バイト先で見た男のようでした。前に男がいて右に車があり、横は原っぱで動けない状況になりました。

秋だったので、すでに日は落ちて暗かったです。私は怖くなり「誰か助けて」と叫びました。すると日本人の運転する車が止まって「どうしましたか」と、窓から顔を出して、声をかけました。二人は「ナンデモナイヨ」と言って、車に乗って走り去りました。私は運良く助かりましたが、もしかしたら拉致されたかもしれません。本当に怖いです。

警察には通報したのですが、話を聞いて何度か安全確認の電話があって終わりでした。「事件にするのはこれだけでは難しい」と言われました。車のナンバーは覚えていませんでした。バイトは翌日から行くのをやめました。その後のストーカー行為はありませんでした。バイト先と家は離れているので、この男たちはその後に見たことがありません。防犯カメラに顔は写っているはずなので、なんで捕まえられないのか、不思議に思いました。

川口市内で夜喧嘩の際に集まる、クルド人の男たち。
（2021年7月、住民提供）

思い出すたびに今でも腹が立ちます。このような話はあまりしたくなかったのですが、高校の女性の友人に数カ月後にすると「私もクルド人らしい中東の男に追い回され、怖い目に遭った」という話が次々に出てきました。

もしかしたら埼玉県で外国人による隠れた性犯罪がたくさんあるのではないか、それを女性たちが申告できていないのではないかと心配しています。報道や行政や警察の広報があり、クルド人や外国人が迷惑行為をしているという情報があれば、私も警戒もできたでしょう。一人で頑張って報道する石井さん（著者）以外、なんでメディアも行政も警察も、外国人の犯罪や迷惑行為、セクハラに沈黙し、私たち住民に情報を伝えないのでしょうか。人権のためでしょうか。もし外国人の一部におかしな人がいると知らせることができれば、性犯罪を防げるはずです。

◆女子中学生がクルド人に襲われる

この地域でクルド人による性犯罪・セクハラの実態は明確につかめない。しかし確実に存在している。「トルコ国籍」者の男性による性犯罪は、私がクルド人問題の取材を始めた二〇二三年五月からの一年間で四件、埼玉県警により公表された。一つの性犯罪の例を示してみよう。二四年の三月に二十歳（当時）のクルド人解体工A・Hが、十五歳の女子中学生を暴行したとして、川口警察署に逮捕された。

報道によると、Hは同年一月十三日、川口市内のコンビニ駐車場に停めた乗用車内で十五歳の女子中学生に性的暴行をしたという。二人はSNSを通じて知り合い、女性はドライブに行こうと誘い出された。

産経新聞と地元の埼玉新聞以外、この事件を取り上げなかった。しかしSNSでは話題になったので、裁判を傍聴した人がいた。この男は執行猶予となってしまった。

そして恐ろしい追加情報がある。このA・Hと同姓同名のトルコ国籍の人物が、二四年九月に十二歳の少女に性的な暴行をしたとして、不同意わいせつ罪の疑いで起訴され、同年十一月時点で埼玉地裁において裁判を受けているという。検察・警察が公表せず、またメディアも取材していないために詳細は不明だ。A・Hはトルコに強制送還されずに日本に居残り、再び少女に対する性犯罪をした可能性がある。

ここからは川口で私が取材をした話だ。人権配慮で少しぼかす。Hはクルド人で十歳ごろに一族の解体業者で働いていた父が呼び寄せて日本に来た。難民と自称しその認定を求める申請を繰り返して日本に家族で居着き、現在は仮放免中という。

仮放免とは、日本の在留資格のない外国人に対して、強制送還の前段階で入管施設の外に一時的に居住するという制度だ。原則として就労はできないが、特例のビザを得るまたは不法就労する形で、クルド人は働いている。

Hは地元の中学校で粗暴な行為で知られ、中学一年生の後半から学校に来なくなった。そして同じような境遇のクルド人二世とグループを作って、改造車による暴走を繰り返していた。父親は心配し息子の車を壊したりなどしたが、素行を改めなかった。Hはインスタグラムなどの SＮＳに自分の写真や車の暴走行為をさらしていた。体は刺青だらけで、ひらがなだらけの日本語や単語を並べるだけのトルコ語で、その車を自慢していた。

「粗暴」「身勝手」「日本語を話せない」「教育を受けていない」――Hを描写した言葉は、本書で在日クルド人を描写する場合に、繰り返し出てくることになる。

◆取り締まらない埼玉県警

このような性犯罪の話を聞いて「埼玉県警は何をしているのか」という疑問を誰もが持つだろう。しかし警察の動きは鈍い。性犯罪をめぐる警察の対応についての県民の証言を紹介する。二〇一七年の年末ごろ一～二週間続いた話だ。JR京浜東北線の蕨駅周辺には盛り場があり、夜は雰囲気が悪い。蕨駅は蕨市にあるが、数ブロック歩くと川口市になる。そこでクルド人がたむろをして女性をナンパしていた。その時にはナンパを通り越して、女性の「拉致」という犯罪が行われそうになっていた。

女学生や仕事帰りの女性がそこを通る夜の十九時から二十時にかけて、クルド人らしい男たちが女性に声をかけ囲み、無理やり腕をつかむ、肩を抱く、近くの路地裏に泊まるワゴン車に連れ込もうとするという事例が続いた。口コミで恐怖が広がった。ところが行政は沈黙していた。それを知り自主パトロールを始めた五十代の埼玉県民の男性がいた。

警察も市役所も何もやらないことに腹が立ちました。悪いことをするクルド人を、現場を押さえて捕まえようと思いました。ある夜に日本人女性の「きゃー」という悲鳴とともに中東系の男、おそらくクルド人が三人で女性を囲み、暗がりに止めてあったワゴン車に連れ込もうとしました。私はその車に突進しました。

　すると数人の日本人も駆け寄ってきました。その際に警察手帳を中東系の男たちに見せ、「警察だ。ポリス、ポリス」と怒鳴りました。張り込んでいたのでしょう。そして私に「危ないからくるな」と叫びました。そのために私は、その場を少し離れて見ていました。当然、男たちが逮捕されると思いました。

　ところが、そのクルド人たちは大声で警官に怒鳴った後で、急にそのワゴン車に乗って走り去りました。女性もすぐいなくなり、警察官らしい人も去りました。犯罪があったのにクルド人は逮捕されず、この事件は「なかったこと」になったのです。メディアの記事も、警察の広報もその後もありませんでした。

　その頃、駅前にたむろするクルド人が、白い小さな紙袋をやりとりしているのも目撃しました。麻薬かもしれません。埼玉県警の動きが鈍いから、クルド人問題が深刻になるのです。なめられているんですよ。

◆話題にしづらく、実態把握できず

埼玉県南部で、クルド人と思われる男による日本人女性へのセクハラ、特にナンパ行為は各所で聞く。しかも高齢の女性から小学生ぐらいまで見境なく行われている。夜の闇の中で、そして日本語が話せない日本人と風体の違う男性たちに、声をかけられるのは、女性にとって恐怖だろう。

ただし、本書執筆の二〇二四年十月時点で、蕨駅前ではここまでの異様なナンパ行為はなくなった。二三年後半から、埼玉県警がこの地域でパトロールを増やした。警察の存在が悪質な行為を抑制した可能性がある。

しかし取り締まりで彼らの行動パターンが変わり、別の場所で問題が起きている。近くのさいたま市で二四年初頭ごろ、中東系の男による声がけで嫌な思いをした日本人女性が私に連絡してきた。クルド人は東京の繁華街に出没している。日本人の印象の良いイタリア人やスペイン人のふりをして東京の渋谷で女性に声をかけ、二四年初頭にクラブで「お前は偽スペイン人だろう」と指摘したらクルド人とスペイン人の外国人同士の喧嘩になったことがあると、在日スペイン人から私に連絡があった。

性犯罪はなかなか表面化しない。一九年の犯罪白書によれば、警察庁が無作為に選んだ全国の十六歳以上の男女六千人を訪問し三千五百人から回答を得た調査によると、一八年までの五年間に強制性交や強制わいせつ、痴漢やセクハラといった性的嫌がらせの被害を受けた人は女性三十人、男性五人の計三十五人いた。そのうち捜査機関に申告したのは五人（十四・三パーセント）で、大半は申告していなかったという。外国人の性犯罪も埋もれている可能性がある。

そして被害女性は、批判という二次被害に直面しかねない。私が女性への外国人による性被害の話を報道すると、「ヘイトではないか」とSNSなどで執拗に攻撃する人がいた。ヘイトとは定義が明確ではないが、それを使う人は「人種を題材にした憎悪行為」の意味で用いるらしい。

冒頭に紹介した女性は次のように話していた。


石井さんが、おかしい、被害を受けた日本人女性の権利を守れとあちこちで主張したことによって、ああ、私は自分の被害を自由に話していいんだと気づいたのです。批判されるのが嫌で、発言するのがそれまで怖かったのです。外国人問題に触れることはタブーになっているように思えます。

◆女性の被害を止めるため、リスクを背負い報道

日本人女性が外国人に襲われる。この種の情報は、取り扱いを注意しなければならないということは、報道に関わる人間として十分承知している。外国人と日本人の対立、そして人権侵

害を引き起こしてしまう可能性があるためだ。

厳密に言うと、私がこの章で示した女性への嫌がらせについて、クルド人が行なったと高い確率で推定されるが、情報提供者たちも詰めきれていない。本書の他の証言でも、問題行為をした人が何人なのか、あいまいさが残ることがある。

しかし警察や行政がクルド人の取り締まりに積極的に動かず、メディアが外国人問題を取り上げない状況では、誰かが問題を伝えなければいけない。実際に被害があるのだ。

そのように考え、私は問題行為をした人物がかなりの確率でそうであると推定できる場合には、「クルド人」と述べることにした。人々に危険を知らせる社会的意義があると思うためだ。私が批判を受けるのは覚悟している。

本書では、そのような姿勢で、埼玉クルド人問題を取り上げていく。そして日本人の情報提供者の名前は原則秘匿をし、クルド人の名前も書かない。私は二百人以上の埼玉県民と、対面の証言やネットでのやり取りで、情報を集めた。そして日本人でクルド人問題に発言した人に対して、クルド人やその関係する日本人による脅迫や嫌がらせ、訴訟が実際に発生している。そうした攻撃を避けるためだ。

そして埼玉県に住む女性とその親族、女の子を持つ親たちが、外国人の異様なセクハラ行為を怖がっている。これは確かだ。こんなことが日本で許されていいのだろうか。

都市機能の麻痺——ごみと騒音に住民は苦しむ

◆ごみだらけのアパートが点在

クルド人の集住する川口市の住宅街を二〇二三年の夏から二十回程度歩いた。クルド人によって街が変貌していた。日本の街はたいていい清潔だ。各自治体が清掃やごみ収集を熱心に行なっていることに加えて、人々が自発的に掃除を行なうためだ。

ところがクルド人の集住地域は、他の地域と雰囲気が少し違う。ごみが路上や彼らの住居の周りに散らかっている。市役所が作った「ごみ出しルールを守ってください」という、日本語、英語、トルコ語の掲示板がたくさん置かれている。しかし守られていない。「不法投棄です。出し直してください」とシールが貼られた冷蔵庫や洗濯機が置かれたごみ捨て場もあった。生ごみを平気で外に出し、異臭のする場所も散在する。クルド人の集住するアパートを現地の人は、警戒の意味を込めて「クルドアパート」と呼んでいた。

ごみだらけのクルドアパート
（川口市、2023年8月、石井撮影）

川口市民によると他の外国人、また日本人にもごみ捨てのルールを守らない人がいる。クルド人のごみ捨ては、量が多く、改善をしないため特に問題があるという。一見すると大半のクルド人の生活は貧しそうだ。クルドアパートは持ち主の日本人も投資をしないため、汚れて古びている。賃貸アパートの一部屋に、複数の家族、また男だけが複数住むなどの例が多いという。ところが経営層と見られる人々は家を買い、高級車を乗り回している。貧富の差は異様だ。

クルドアパートは市内に点在しているが、その数は少しずつ増えている。別の国の外国人の集まって住むアパートも、汚れているところが多い。これが点から面になって、街全体がおかしくなる。そんな未来が起こることが心配になった。

クルド人の騒音で転居をした、四十代の主婦の経験を聞いた。

○○（地名）の二階建て賃貸マンションの二階に住んでいました。二〇二〇年の三月にクルド人の家族が下の部屋に入居しました。当時は新型コロナの在宅勤務で、家にいることが多くなりました。子供は独立し、夫との二人暮らしです。新築物件だったので、この地域では家賃は高い方だったでしょう。

クルド人家族は、三十代らしい夫、二十代前半らしい妻、五歳ぐらいの女の子、性別不明の乳児です。それから早朝から深夜まで、室内で子供の走り回る音、怒鳴り合い、子供の奇声に泣き声、大声の会話がしました。またマンション入口にごみを放置、ごみ出しルールの無視などの多くの迷惑行為が続きました。別のクルド人がやってきて、部屋で大騒ぎすることもありました。あいさつをしても、夫も妻も無視をします。このクルド人も、他のクルド人も、新型コロナウイルス感染症が流行している最中に、マスクをつけていませんでした。

管理会社に注意をしてもらいました。その時に管理会社の人から彼らはクルド人と言われました。そのクルド人の夫は、管理会社に「子供は走るものだ、騒ぐものだ」と言い返したそうです。その家族は解体会社の契約で住んだようですが、それ以上の情報を私は知りません。最後には管理会社の連絡にそのクルド人は出なくなったそうです。管理会社は、一度入居した人を追い出すことは、なかなかできないと言っていました。

また子供の悲鳴がひどく、ある時に三十分ほど泣き叫んだことがありました。虐待かと疑い市役所、児童相談所に、私や近所の人が通報しました。役所の人が何度もこの家を訪問している姿を見ましたが、一度はクルド人の夫が市役所の人に、怒鳴り返している声が聞こえました。

こうした騒音に私もおかしくなりました。彼らが引っ越して来てから半年後に転居しました。私は外国人に敵意を持ったことはありませんし、差別行為を批判します。しかし外国人による日本人への迷惑という問題をやめさせることは、差別と関係ありません。日本で私たち日本人が外国人に迷惑を受け、おびえながら暮らすのは悲しいです。

この夫婦のように、川口では近隣のクルド人の生活態度の悪さでトラブルとなり、日本人が引っ越す例が頻繁に発生している。

◆掃除をしてもごみを捨てるクルド人

小さい生活のトラブルが集積して、住民は苦しんでいる。川口市のある町を訪ねた。静かで清潔な住宅街だが、ごみ集積所にはごみが散らかっていた。近くにクルドアパートが何軒かあ

川口市のある公園のごみ収集所。この日は指定日以外の日なのにごみが溜まって、町内会長らが掃除をしていた。トルコ語での表示がある。(2023 年 5 月、石井撮影)

る。地域の六十代男性の町内会長が掃除をしていた。こうした人々の努力で日本の街は清潔さが守られている。この人に話を聞いた。

クルド人の男性にも女性にも、ルールを守るように何度言っても聞きません。他の地域では、何か言うと威嚇される例もあるようです。ここではこちらが何を言っても「ニホンゴワカリマセン」と言って無視し、行動を改めません。諦めています。

気の毒なこともありました。大怪我をしたクルド人の男が包帯だらけで朝、リハビリのためか、ぐるぐる公園の周囲を回っていることがありました。無保険でお金を節約しているのでしょう。地域の病院にはほとんど来ません。新型コロナの流行の際には、マスクもしていませんでしたが、感染者が出たかどうかも分からないです。

この町内会長が掃除をしても、その直後にクルド人はごみを捨てるという。ごみ捨てをするのは主に専業主婦らしいクルド人の女性だ。話しかけても、あいさつをしても、無視することが多い。クルド人やイスラムの文化習慣のためか、女性は家族以外の男性と話さないようだ。住民とクルド人の交流はほぼない。

この地区では、クルド人同士による深夜の乱闘騒ぎもあった。住宅地の真ん中で突然、深夜に怒鳴り合いの声が突如響いた。そして警察が来ると、クルド人たちは逃げていった。警察・行政はその後の情報を伝えず、住民は不安を募らせていた。

住民は大規模災害の時に、クルド人がどう動くのか不安がっているという。日本語が通じず、日々の素行が悪いため、どのように行動するか分からない。暴動を起こすかもしれない。この会長が川口市とそのことを話し合っても、市に対策はないという。

◆夜のたむろで人通り消える

クルド人の男たちは主に解体業で働く。夜になると、男たちが現場から帰ってくる。この地区では、男女別々に、夜に徘徊している。コンビニの駐車場や公園でたむろをし、男は酒を飲み小さな宴会をする。飲み屋や喫茶店で話す習慣がなく、またその代金を節約しているようだ。その声がうるさく、そこでごみやタバコを捨てる。深夜に異国の男たちがたむろをすれば、とても怖い。そして男たちが、日本人の女性に声をかけることもある。そのために、この地域では住民が夜に出歩かなくなってしまった。

また解体業者のトラックが、長時間、ドラッグストアや店舗の小売りスペースに停まる。夜中の間、ずっと停め続けることも多い。彼らは関東各地の解体現場に行く。そのために、渋滞に巻き込まれないように早朝に移動する。住む場所の近くに車を停めているようだ。

この地区のあるコンビニで、夕方に長時間駐車しているトラックの運転手に私は話しかけた。クルド人らしい男は「ニホンゴワカラナイ」と言って、トラックを動かして去ってしまった。そのコンビニのオーナー店主に話を聞いた。コンビニはフランチャイズに加盟して、それぞれのコンビニの本社から商品を仕入れる形が一般的で、この店もそうだった。この店の無料駐車スペースは、夜にクルド人の溜まり場になる。また長時間、トラックをクルド人たちが停めている。

何度出ていってくれと言っても、なかなか立ち去りません。いなくなっても翌日また来て、車を停めます。

クルド人による万引きなどの犯罪は少しある。そして、このコンビニの周囲は、一年を通じて人通りが減り、売り上げが落ちた。

コンビニのチェーン本部に連絡し、このクルド人を排除するべきか聞いたが、「お客様であり、排除するのはヘイト行為と批判されかねず、そのまま様子を見てほしい」と回答があって、そのままになってしまったという。

公共サービスの使い方も彼らは分からない。七十代の女性の話を聞いた。

隣のアパートにクルド人家族が、数カ月で入れ替わり住んでいます。入れ替わる理由はよく分かりません。騒音を出し、夜中まで話し声が聞こえます。女の人は家にこもり、子供と遊びに行くか、買い物の時しか外に出てきません。そのために運動不足になるのでしょうか、太っている人が多いようです。日本人と全く交流がありませんし、そもそも日本語が全く話せません。

あるとき若い二十歳ぐらいの若い母親が、子供が病気になったのか救急車を呼びました。しかし日本語が全く話せないので、救急車は搬送できませんでした。その時、母親は住所さえ言えず、救急隊員の出すスマホの翻訳アプリも使えませんでした。私が話を聞こうとしても泣き叫ぶだけ。そして昼間に救急車の前に座って、路上で子供を抱えて大泣きしました。そんな行為より子供を助けるための行動をしなさいとハラハラしました。救急隊員も困りました。

すると工事の泥で汚れた作業服の姿のまま夫がトラックでやってきて、片言の日本語で説明し病院に行ったようです。迷惑をかけた周囲の日本人に、その後、クルド人夫婦から説明はありませんでした。そして知らないうちに、別の家族に変わっていました。奇妙な人たちです。

日本語を少しでも学び、最低限の生活ルールを知るべきでしょう。このあたりに住む日本人の住人は老人ばかりです。若い男がいるので注意するのが怖いです。

◆公園で脱糞や放尿する幼児

「公共物を適切に利用する」——こうした考えが、多くのクルド人にはないようだ。写真はある川口市立のある公園での写真だ。夜集まったクルド人たちがタバコをポイ捨てしてそのままにする。この公園では周辺の住民の掃除で美観が保たれていた。しかし毎日のようにクルド人によるごみ捨てが繰り返されて、住民が掃除をしなくなった。それで、このように公園が汚れるままになってしまった。

川口市内のある公園のベンチ。地面にクルド人の吸ったタバコが放置されている。（2024 年 1 月、住民提供）

川口市の三十代女性の話を聞いた。この人は子供がいて、公園で遊ばせている。

クルド人は二十歳前後の若い母親が多いです。子沢山です。私が子供と行く○○公園では、クルド人の小さい子供たちが砂場を独占したり、日本人の子供のおもちゃを奪ったり、公園内で放尿や脱糞をするので困っています。日本人の母親がクルド人の若い母親に抗議をすると「ニホンゴワカラナイ」と言って無視します。彼女たちは、自分の子供をかわいがるのですが、躾《しつけ》をしていないのです。そして子供も大人もごみをポイ捨てします。

以前は、母親たちが夜、子供と公園に集まって、夜十時ごろまでべちゃくちゃしゃべっていました。うるさくて迷惑でした。昨年七月ごろから警察がパトロールするようになって、謎の夜のピクニックは見なくなりました。

この公園では、クルド人のボランティアが、清掃活動をしたことがあります。変だなと思ったのが、その掃除の翌日にクルド人の母子たちがごみを散らかしていたのです。日本人だったら、そうしたことを気遣いますよね。クルド人同士で連絡が取れていないのか、他人の良い行動に関心がないのか。困った人たちです。政府は川口市の私たちにクルド人を押し付けるのではなく、入国を止めてほしいです。

◆壊しても賠償したから悪くない？　奇妙な理屈

川口市内の、上青木中央通り公園（たまご公園）のトイレが二〇二四年の二月初めに破壊された。この公園では夜のクルド人の大人と少年グループによるたむろ、飲酒、ごみ捨てが続いていた。その壊れたトイレの写真を川口市議がＳＮＳ上で公開して騒ぎになり、警察が捜査を始めた。

するといきなり犯人のクルド人の関係者という弁護士が賠償を払いたいと川口市に連絡してきた。その際に、特に謝罪はなかったという。さらにＳＮＳのＸ（旧ツイッター）でクルド人と称する人間が、突如、この問題で発言を始めた。

家族は謝罪し、トイレの修理に十五万円払いました。精神疾患を抱えた少年の事案でもあり、弁済や謝罪を終えた本件についてＳＮＳで拡散するのはご勘弁願います。

一応、日本人の手が入った文章のようだが、おかしな内容だ。誰の誰に対する謝罪なのか。本当に心の病を抱えた少年による事件かも疑わしい。事実としたら、トイレを突如破壊するような暴力行動をする少年が日本の街に住んでいることになる。住民には不安だろう。

この投稿をしたXのアカウントは大量に批判を集めて、消えてしまった。その後、川口市役所から広報はなく、事件処理は一般市民には分からないままあいまいになった。

この公園を、川口市選出の新藤義孝衆議院議員・内閣府特命担当大臣（経済再生）（当時）が二〇二四年四月に視察した。彼は外国人労働者問題も担当している。この時に「悪いことをした外国人には帰国いただく」と発言した。

訪問の日に、この公園はきれいになっていた。その前日の夜に、クルド人がやってきて掃除をしたという。それまで彼らはそんな事をしたことはなかった。大臣の行程は前日に、ヒアリングに出席する市と県の議員、一部の一般市民、そしてメディアにしか伝えられなかった。ところが在京テレビのディレクターが、大臣の訪問をクルド人団体に伝えたらしい。新藤大臣は住民からそれを聞き、テレビ局にもクルド人にも呆れていたという。クルド人は、このようにひとりよがりで、日本人のことを配慮しない。

◆日本人が地域外に逃げ出し始めた?

「ホワイト・フライト」という言葉が、一九六〇年代から米国にある。そして近年は西欧でも使われる。移民や有色人種がある地域に集住すると治安が悪化し、元から住んでいた住民と生活トラブルが発生する。そのためにその国の中心民族、米欧の場合は「白人」（ホワイト）が別の地域に移り住む現象のことだ。移民、有色人種は「悪いもの」という前提で使われる言葉であるから、公に、また積極的に使うことは適切ではない。

残念なことに埼玉県南部では同じことが起きている。川口市が毎年発表している町ごとの人口数を見ると、少子高齢化の中で川口市全体が減っている。しかし、クルド人が集住する川口市北部と西部の人口減少は他地域よりも急速だ。地域名は出さないことにする。クルド人の多くは住民登録をしないので居住実数が把握できない。この地域でクルド人は増えているようだが、日本人は逃げ出している。

人口の流出はクルド人だけが原因ではないだろう。川口を歩くと日本のどこでも観察される光景だが、高齢化と街の古さを感じてしまう。そんなところに、生命力だけはある若い年齢層のクルド人がやってきて、日本人を押し退けて好き勝手に生活しはじめた。日本の一地方が、外国人によって姿を変えつつある。

悪化する治安、地域社会で高まる不安

◆救急病院をクルド人が暴動で止める

集団で暴動、騒乱を起こすという異様な行動を在日クルド人は何度も行なっている。川口市には埼玉県南部の救急医療の拠点となっている「川口市立医療センター」がある。二〇二三年七月四日に、この病院前にクルド人が百人ほど集まり、騒乱状態になって、この病院機能が五時間程度止まってしまった。

クルド人の男が別の氏族の女性と不倫関係になったと疑われた。その夫の血縁、妻の血縁が、寝取ったと疑われた男と親族をナイフや角材で襲って二人が重傷を負った。襲った側も一人怪我をした。いずれも命は取りとめた。襲った側の男には、大麻を吸った反応が後から出たと、警察は市議会議員に説明したという。麻薬で興奮して殺人をしようとしているのか。

私は事件から三日後に殺し合いの現場を見た。まだ血が地面に残っていた。日本人の民家の玄関先だった。寝取り男側が車で逃げた後に、追いつき、乱闘になったようだ。日本人が生活の中で、こうした迷惑な外国人の行動に巻き込まれている。

クルド人は血縁集団である氏族で動く。クルド人によると、五代ぐらい前までの祖先が同じなら氏族とみなすという。そして氏族がまとまって日本にやってきている。殺し合った三氏族が百人集まり、病院前で争い始めた。また興奮したクルド人が病院に入り込もうとした。病院が混乱を恐れて断ると騒ぎ出し、扉を閉めると、その扉を激しく叩いてガラスの一部にヒビが入った。

この機能が停止した時間に救急搬送はなく、人命に影響はなかった。しかし救急病院を止めるとは異常だ。クルド人にとっては日本の法律よりも氏族の体面の方が重要らしい。埼玉県警は機動隊を派遣し、病院前で暴れた二人を逮捕した。また殺人未遂などで加害者側六人、被害者側一人を逮捕した。

ところが、この後も問題は続く。さいたま地検はこの逮捕したクルド人を全員不起訴にした。その理由を公表していない。殺人未遂事件を犯したクルド人が、埼玉県内をうろうろしている。

殺人未遂の主犯格のクルド人二人は強制送還となった。ところが親族の手引きで、強制送還された男の一人が二四年五月に再入国した。日本とトルコはビザなし渡航ができるためだ。この男は成田空港内の施設に留め置かれた。すると絶食して意図的に体調を崩した。一時的に収容を解かれ、川口の親族の家に滞在した。出入国在留管理庁の職員が付き添う形で、再び強制送還されたという。このクルド人の男は再収容の際に暴れ、「弁護士とメディアを連れてくる」と叫んだ(1)。

他にも身勝手な行動がある。二〇二〇年五月に、日本人の極左団体の活動家と、クルド人が約百人、東京の渋谷警察署の前に集まり、騒乱状態になった。あるクルド人がスピード違反で警察に捕まった。その際にそのクルド人が、暴力行為があったと主張した。その映像を関係者が公開していたが、クルド人男性が挑発しているように見えた。この男性はその後に事故死したという。

当時、米国で警官の黒人男性暴行死の事件が起きて、米国全土で警察への抗議デモが起きていた。同調した日本人の意図は不明だが、それと連動して反権力を印象付ける政治騒動を起こしたがっていたように思えた。

二〇一五年十月にはトルコ大使館(東京・渋谷区)前で、クルド人とトルコ人の乱闘が起きた。トルコの国会議員選挙の在外投票があった。トルコ人によると、そこにクルド人が現れ、クルド人テロ組織のPKK(クルド労働者党)の旗を掲げ、トルコ人を挑発したという。その日はトルコ人の数が多く、クルド人側が劣勢になってしまった。

関係者によると、クルド人側の一部がトルコ人に攻撃される姿をメディアに流し、同情を得ようとしたらしい。クルド人は日本メディアを事前に呼んでいた。こうした海外の政治的な争いを日本に持ち込まれても困る。しかしクルド人は日本の安全について何も配慮しない。

クルド人はこれ以外にも、何かあると氏族が集まって集団で抗議をして、主張を押し通そうとする。その思考は異様だ。

◆治安崩壊が一部地域で発生

ある川口市民が、クルド人による自分の住む町、隣の二つの町の迷惑行為や犯罪を衛星写真と地図を重ねた上に示して、私に送ってきた。警察の広報、またＳＮＳで示された事故や自分の見聞した問題行為を集めたものである。この人はクルド人やその支援者による嫌がらせの可能性があるために、公開を私に委ねた。地名は出さないことにする。その内容に私もその作成者も驚いた。二〇二四年になってから八月までに、東西約一キロメートル、南北約八百メートルのマップに記載された三つの町で、次の問題が起きていた。この三つの町の住民の合計は約一万二千人になる。

常習の問題では次のようなものが地図上にあった。クルド人経営のレストラン、コンビニ駐車場二つがクルド人の運転する車のたまり場になっていた。そこから暴走車両が毎夜、発進していた。そこから伸びる直線の道で、毎晩暴走行為があり、騒音と危険運転で、住民が迷惑していた。クルド人解体業者の複数のヤード（資材置き場）がこの地区にある。ヤードでは早朝から深夜まで作業が続き、騒音が連日ある。そこから発進するトラックが猛スピードで狭い道を走る。そこは近くの小学校の通学路で事故が起きる危険性がある。十五ほどのクルドアパートでの汚れやごみ出しの問題がある。そしてこの街の商店では、誰によるかは不明だが万引き被害が多発し、店を閉めた老夫婦経営の日用品店もあった。

そして四つ交通事故があった。この地図上でクルド人の運転らしい三件の車が大破する交通事故が発生していた。しかし、それらを警察は広報していない。そのうち一件では車の街路灯への衝突の後で、クルド人らしい中東人が集まり、警察ともめていた。またこの地区では、二〇二四年八月に外国人同士の喧嘩があった。それとおそらく関連して、埼玉県警は「ナイフを持った男が、この地区にいたので市民は気をつけてください」という広報をSNSに流した。しかし外国人という情報は出さず、その男が捕まったかどうかもその後に広報していない。犯人がクルド人かどうかは分からない。

私がこのマップをSNSのX（旧ツイッター）で何度か拡散し、自分のサイトで記事化したところ、記事の閲覧件数は十万を超え、各X投稿の閲覧の合計は四百万件以上になった。マップを作成した川口市民は次のように話した。

クルド人問題をデマという人たちがいます。川口に来て、現実を見てください。私の住む街で治安崩壊が起きています。

別の川口市民から二四年八月に連絡があった。埼玉県南部では江戸時代に、川口市に日光御成街道、蕨市に中山道が通っていた。そのために古い道祖神、地蔵、神社などが数多くある。そのような場所や神社にある賽銭箱が壊され、中にある小銭が盗まれる事件が、昨年から連続して起きている。その市民は中東系の子供がそれを壊す写真を撮影し、警察に通報して捜査が始まったという。人権侵害の可能性があるために公開しないが、提供された写真を見ると外国人の子供が、某所の賽銭箱を壊していた。

日本人は宗教的存在を破壊して賽銭を盗まないだろう。全く異質な思考をする外国人が犯罪をする。治安対策は根本から見直す必要がありそうだ。

◆突出して高いクルド人の犯罪割合

クルド人の犯罪は、実際に他国人よりも多い。二〇一九年一月から二四年九月まで埼玉新聞などで掲載された「トルコ国籍」の犯罪数をピックアップした。その数はネットで確認できるところで事件四十二件、逮捕者は五十七人だった。彼らは自分たちの数を約二千人と言っている。私はもっと多く三千〜四千人と推定している。また警察の逮捕の発表は重要事件のみで全てではない。それを考えても、この逮捕者の数は、人口に比べて多すぎるだろう。

内容は、凶悪なものばかりだ。取材によってクルド人と推定されるものを示そう。クルド人によるクルド人の殺人一件（不倫相手と疑った男を殺した）、クルド人による日本人妻（日比混血だった）の殺人一件、クルド人のクルド人による殺人未遂三件（その中の一つは前述した昨年七月の女性の不倫をめぐる前述の事件）、クルド人による病院前での集合と騒乱で二人が公務執行妨害で逮捕、クルド人による日本人の死亡ひき逃げ事件二件、クルド系解体業者のトラックによる死亡交通事故一件、クルド人窃盗団三件、クルド人少年によるショッピングモール花火投げ込み事件一件、日本人記者（私のこと）の殺人脅迫一件などだ。警察発表によると、トルコ国籍者の性犯罪は四件だった。

埼玉県警の情報でも、クルド人の犯罪率は突出して高い。二〇二三年のトルコ人の刑法犯検挙者数は六十九人。この多くはクルド人と見られる。政府による埼玉県の在留外国人のデータ（住民登録数）を見ると、県内のトルコ人は千七百八十六人。計算するとトルコ人の千人あたりの検挙者数は、三十八・六人になる。これは日本人（一・二人）の三十一・一倍、中国人（二・九人）、フィリピン人（三・二人）、ベトナム人（八・三人）、韓国・朝鮮人（三・九人）、ブラジル人（五・〇人）よりはるかに多い(2)。

同年の検挙数は中国人が二百三十四人と最も多い。中国人は外国人住民で最多となる約八万人が埼玉にいる。また外国人・クルド人は、課税を逃れたり、逃亡を考えたりするためか、追跡されやすくなる住民登録をしていない例があるので、前述の居住数は、もっと多いだろう。

埼玉県警は人権配慮のためか、外国人犯罪の詳細の公表に消極的だ。そのために、地域住民に不安が広がっている。当然、クルド人の犯罪が多いことも、強調しない。しかし私が試算した犯罪率の高さを考えれば、クルド人を警戒することは当然だ。

埼玉県南部、特に川口市はもともと治安が良い場所ではなかった。埼玉県内でも各種犯罪発生率は今も多い。ただし長い目で見ると、減っている。西川口駅周辺は、かつて風俗店が立ち並ぶ繁華街だった。警察と川口市は違法風俗店や暴力団の摘発などの治安強化策を行なってきた。埼玉県警による同市での犯罪認知件数データでは、二〇〇四年の一万六千三百十四件をピークに、二〇二二年は三千八百十五件と、約二十年間で四分の一以下にまでその件数が減った。ただ同時期に、日本全体の犯罪認知件数も半分以下に減少している。高齢化などの影響で社会が落ち着いたことが影響しているのだろう。

しかし直近の二〇二三年では川口市での認知件数は二年続けて増加し、四千四百三十七件と前年比十六パーセント増加した。この理由は新型コロナウイルスによる人の動きの停止が終わったことが影響しているとされる。ただ全国的に二三年の犯罪認知件数は七十万三千三百五十一件と二年連続増加し、前年比で十七パーセントの増加だ。それと連動している。

そして川口市では、これまで述べてきたように刑法を適用しづらい「グレーゾーン」の外国人による迷惑行為が多発している。ごみ捨て、騒音などだ。また県民によると、埼玉県警は、外国人犯罪の申告の受理、そして逮捕に消極的だ。データに現れない治安の悪化は存在する。埼玉県南部の住民の体感治安は確実に悪化している。

さらにクルド人が犯罪をしても、警察は「トルコ人」「トルコ国籍者」として公開する。この事実を、私がトルコメディアで指摘したため、「トルコ共和国の名誉を汚す」と、在日クルド人への批判、そして日本の警察への不快感が出ている。警察としてはそのような発表しかできないだろうが、外交問題になりそうな気配だ。

◆「無敵の人」が埼玉で暴れ続ける

そして犯罪の後始末も問題だ。警察は外国人の法適用に積極的ではない。そして検察も、外国人犯罪で積極的に起訴をしたがらない。逮捕されたクルド人が、不起訴となり、場合によっては日本に居続けることもある。これはクルド人だけではなく、外国人犯罪者全てに言えることだ。

日本では起訴、不起訴は、検察官が決める。検察・法務省は外国人犯罪の不起訴をめぐる説明を積極的に行わない。日本人としては犯罪者が罰を受けないことは、到底受け入れられない。犯罪者が野に放たれている。

ある弁護士に、この外国人の刑事事件の問題について話を聞いた。この人は、外国人の捜査を警察が、そして起訴を検察が嫌がる理由について、「外国人の場合には、取り調べ、裁判で通訳を手配しなければならず、その手間がかかるため。また捜査でミスの起こる可能性が高まるため」と推察していた。トルコ語、クルド語の通訳は日本で少なさそうだ。面倒な捜査、起訴、裁判よりも、不起訴にし強制送還をして早期に事件を解決することを「保身のために警察と検察は考えるのではないか」と見ていた。

さらに刑事訴訟法の時間の制約がある。警察は逮捕から四十八時間以内に検察に送致する、検察の勾留は十日以内（延長は可能）などだ。外国人の場合には、通訳の確保などがその時間制約の中で行えない場合や、取り調べが言葉の壁で長引く可能性がある。「刑事訴訟法は、人権配慮のために外国人犯罪の処理には使いづらい。外国人を国内に入れるなら、法改正を検討するべきだ」という。

市民感情で外国人が犯罪をしても罰を受けないことをおかしいと思うのは当然だし、私も同じ考えだ。国が外国人を移民で増やす政策に舵を切り、その犯罪増加が予想されるのに、検察も裁判所も、その対策を行なっているようには思えない。外国人犯罪で、情報公開の拡大、公判を簡素化するための取り組み、例えば話者の多い英語での調書を作る、専門の部署を検察・裁判所に作るなどの細かな工夫が必要だ。しかし動きは鈍い。

民事では、日本では企業の司法による紛争解決手段の整備が遅れ、外国企業の活動が敬遠される事態にまでなっている。同じように刑事事件でも、司法制度づくりの行政の鈍さ、準備不足ゆえの混乱が、今後も増えるだろう。日本国民が困るのはおかしい。

犯罪を事後的に止めるのではなく、問題のある人々を増やさない工夫が必要だ。そもそも在日クルド人は、あなた（石井）が報道で示したように、質の良くない人たちが、日本政府によって選別されないまま、入国して居着いている。その入国を止め、送還して減らさなければならないのに、法務省・検察・入管は対策をしていない。出入国在留管理庁という組織を二〇一九年に立ち上げたのに、連携が全くできていない。

この弁護士は呆れていた。「無敵の人」という言葉がある。法律や司法制度を恐れず勝手なことをする人たちというネット上の言葉だ。この弁護士は言った。

クルド人は処罰を受けないので、日本人と日本の司法制度をなめて「無敵の人」になっているようだ。このままでは、その無敵の人が法律を恐れず、埼玉の一部を犯罪で乗っ取りかねない。そしてクルド人の例を見て、他の外国人も同じように行動するだろう。私たち一般人が犯罪に巻き込まれるかもしれずとても怖い。クルド人・外国人問題では、外国人の人権は大切だが、日本人の人権を第一に考えるべきだ。

（1）「移民と日本人：川口クルド人病院騒動の逮捕者が再入国「帰りたくない」日本滞在も再び強制送還」（産経新聞、二〇二四年六月十九日）

（2）「刑法犯認知・検挙状況（令和五年中）確定値」（埼玉県警）、「在留外国人統計」（法務省）より
※居住数は市のデータと、国のデータが違う。

子供たちが怖い——非行増加と教育の崩壊

◆学校にいかない子供たち

在日クルド人の集住地区では、平日に男の子が数人ずつ固まってウロウロしている。小中学校に行っていないようなのだ。大人が子供たちを見守っている気配は感じない。地域住民から「クルド人の子供たちが怖い」との感想を聞いた。

子供は決して純粋無垢な存在ではない。人は教育によって、文明を継承し、「人」になる。教育を受けず、しつけをされなければ常識による抑制を知らないので、暴力性があらわになり、危険な行動を平気でする。

私は、クルド人の子供たちの将来を傷つけたくない。そのために彼らの犯罪、迷惑行為を積極的に語りたくはない。しかし彼らが日本に居残れば将来に大きな問題になりそうなので、ここで取り上げる。

二〇二四年夏頃から、クルド人の子供の集団が川口で異様な行動をしている。地域の小売業で働く人と行政関係者の話をまとめると、こんな状況だ。

総勢四～五人で、男の子、女の子のグループが、大型ショッピングモールや小売店にやってくる。十代前半の子供がリーダー格で店内を物色する。そして万引きを三～四歳の小さい子にさせる。小さい子供は捕まっても逃げられると思っているらしい。ハロウィンや正月など季節商品のキラキラ光るものものを面白がり欲しがる。またお菓子を狙う。

しかし昼間うろうろする子供はクルド人しかいないので、当然店側もクルド人の子供を監視している。店の対応はまちまちで、窃盗を見つけたら警察を呼ぶところもあれば、小さい子だと棚に返せば警察に突き出さないところもある。川口では保護者同伴でない中学生以下の入店を入り口の警備員が断る禁止する店や、「親が子供を連れて歩いてください」というトルコ語の張り紙を出し、館内放送をするところもある。欧州の観光地で見る子供の窃盗団が、日本でも発生しつつある。

放火事件もある。マンションや家のごみ捨て場が燃える事件が昨年暮れから川口市内で何件かあった。大火事にはならなかった。広がった噂によると、二四年初頭にクルド人の男の子が火をつけて補導されたようだ。関係者の口は重く、その後の処理は明らかになっていない。

次は七十代の川口市民の女性の話だ。

クルド人の子供たちが怖いです。いつも徒党を組んでウロウロしています。近くのショッピングモールで、五歳ぐらいと少し年下の男の子が泥靴で走り回っていました。「静かにしなさい」というと、流暢な日本語で「僕たちはかわいそうなクルド人です。弟はまだ小さいので何も分からないから許してください」と言われ、じっと見つめられました。そうすると、何もこちらは言えなくなってしまいました。日本人が黙るように、誰かが教えているのかもしれませんね。「僕たちはかわいそう」なんて、子供に言われると、日本人は何も言えなくなってしまいます。

日本人の優しさ、そして子供への甘さを、クルド人の子供たちが利用して、問題行為をしているように思える。

◆「ヘンナガイジンガイル」日本人を脅すクルド人少年

この二〜三年、八〇年代のぐれた「ヤンキー」と呼ばれた人たちのような、変なクルド人の子供が地域に増えたような気がします。夜にたむろして、車を無免許で乗り回しています。崩れた、危うい雰囲気を持ち、いきがっているのです。

このように川口市民が話していた。

六十代の男性の川口市民はクルド人の子供に脅された経験を話した。

（二三年の）九月の日曜日に川口市のある公園の老人ホームの隣で、クルド人らしい十代前半の子供が八人集まって、大音量で中東系音楽を流していました。老人ホームには迷惑です。そのために写真を撮ろうとしました。

するとと私を見つけたようで、中指を立てその後、「ヘンナガイジンガイル」と一人が喚き迫ってきたので、走って逃げて通報しました。子供でも複数だと勝てませんから。遠目で見ると、警察が事情聴取をしていました。最近は通報すると、警察が早めに動くようになっています。日本で変な外人に、日本人である私が「ヘンナガイジン」と言われるのは、腹が立ちます。

私は離れたところで警察に状況を説明しました。それで終わりです。帰りがけに、公園をのぞくといなくなっていました。ただし、翌週、公園を遠くから見ると、また子供たちがたむろしていました。同じグループでしょう。こんな子供たちが成人になって、日本に居着くことが心配です。

クルド人は一九九〇年代から日本にいる。そのために幼少期に来日した、もしくはそのころに生まれた日本生まれの二世たちが、ここ数年、十五歳以上になってきた。この子供たちが騒音、車の無免許運転による暴走などの迷惑行為をしているらしい。子供たちの迷惑行為は、やがて非行や犯罪につながってしまうかもしれない。

クルド人の多くの男の子は小学校後半から学校に行かなくなる。こうした子供は、教育を受けず、日本語も、トルコ語も、クルド語も使いこなせない。基礎学力がなく、社会常識も学ばない。気の毒な面がある。クルド人の迷惑行為が二〇二二年ごろから悪化したのは、この「二世問題」のためと、推測する川口市民もいた。

こうした子供たちが、行き場のないいらだちを抱えている気配がある。二三年八月に川口市の大規模小売店で十四歳のクルド人の少年が煙幕花火を玄関に投げて施設の営業を妨害したとして、威力業務妨害で逮捕された。この少年と仲間たちは、その店にたむろしていた。その行為を警備員が注意した。それに腹を立て「外国人を差別するな、爆破してやる」と警備員を脅した疑いでも逮捕されている。「僕が外国人で、店で悪いことをすると自分だけが怒られ、差別されていることに腹が立った」などと供述しているという(1)。

この店はいつも、クルド人、日本人の子供がたむろしている。気味の悪い事件だ。自分が違法行為をしているのに、注意されると逆に怒り、言い訳に「差別」を利用する。ただし、この子供の危うさは、子供たちの厳しい環境、そして精神状況の反映かもしれない。

◆学校で広がる混乱、政府の無策が日本人の教育を妨害

そしてクルド人の子供たちは、日本に馴染まない。

数年前に川口市内のある中学校で、クルド人の少年が同級生たちを、持ち込んだガス銃で撃つ騒ぎがあった。この少年は中学二年生の一学期ごろから学校に来なくなって今は行方を誰も知らない。地元の暴力団の準構成員になっているという噂もある。二〇一五年ごろ中東のイスラム国（ＩＳ）が崩壊した際に、テロ組織ＰＫＫ（クルド労働者党）と関係する武装勢力も攻撃に参加した。この男の子は「クルド人はＩＳを滅ぼした」と、興奮して、喜んでいたという。国がないとはいえ、武装勢力を自らの誇りやアイデンティティ（自己認識）の証にするクルド人少年は気の毒だ。そしてテロ組織を賛美し、銃や争いが身近にある中東の文化を平和な日本に持ち込んでいるようで、気味の悪さを感じてしまう。

クルド人の二世の少年たちはＳＮＳで自分の写真や映像を流すことが好きで、そしてそれで目立とうとする。ただし悪さ自慢をし、日本人には異様なものに映る行動が多い。例えば、少

年たちは銃や火、車が異様に好きだ。モデルガンと思われるものを構える写真や、花火、焚き火・野焼きの写真が大量にある。十代の子供の無免許運転と見られる映像もある。彼らは中東の風俗をそのまま日本に持ち込んでいる。そして日本の文化や社会にほとんど関心がない。

そして子供たちの間も殺伐としている。ある川口市民が、歩きながら袋入りキャンデーを食べ余ったので、クルド人の小学生ぐらいの男の子たち四人が公園にいたので、「あげるよ」と言って、年長の男の子に袋を渡した。日本人の感覚だとみんなで分けると予想する。すると年長の子が独占をしようとして、よこせと他の子が騒ぎ、外国の言葉でつかみ合い、取り合いを始めるケンカになった。そして年長の男の子が、袋を持って走り去った。「小さい頃から協力し、他人に配慮することを知らない。不思議な人たちだ」とその人は驚いていた。

学校の現場では、外国人の子供が入ってくることで混乱が発生している。川口市内では、クルド人を含め、児童数の四割が外国籍になっている学校もあるという。そして外国人の子供は日本語を学んでいないために、授業は混乱しがちだ。川口の小中学校を卒業した子供の日本人の母親の話を聞いた。

困った話がありました。娘の同級生のクルド人の子供（男か女か、小学校か中学校は、筆者の判断で明示しない。児童と学校の特定を避けるためだ）が、クラスで孤立しました。

学校の備品や借りた他人の物を壊してもそのままにする、当番をしないなどの問題行為をしたそうです。同じクラスにいたクルド人の子供も距離を置きました。

　すると東京の活動家がそれを聞きつけて、いきなりネットメディアで「クルド人の子供がいじめられている」と報道しました。毎日新聞もいじめと断定して報じました。活動家は学校に怒鳴り込み、卒業式にまでカメラマンを連れて乗り込んできて、パチパチ写真を撮ったのです。公開されないか、父兄も子供も怖がりました。卒業式はクルド人一人のためのものでも、この人のものでもありません。この活動家は、他の何百人の子供たちの卒業式を台無しにしました。当事者の生徒の話も聞かず、川口の子供がいじめているという話を日本中に報道するのはおかしいです。子供たちは報道に傷つきました。

　日本人の子供たちがクルド人や外国人に嫌がらせをする話は聞きません。逆に外国人の子供に気を使っています。それどころか日本人の子供が今、外国人によって、学校教育で、適切に教育を受けられない状況になっています。外国人が多いと、学校の学習進度がどうしても遅れてしまいます。私の子供は塾でほとんど勉強せざるを得ない状況でした。日本人への逆差別です。ですから小学校、中学校で私立に行かせようとしている親が多いです。市役所も先生たちも、対応に疲弊しています。国はこうした外国人の教育の現実を知っているのでしょうか。

◆政府は調査もせずに、子供と親に滞在ビザ

行政は本格的なクルド人の生活実態の調査は行なっていない。子供たちの状況も不明だ。二〇二四年六月に外国人政策、仮放免者対策の国への要望書を作る中で、川口市はようやく一部分の調査をし、公表をした。

市内にはトルコ国籍の小中学生、おそらくクルド人が約三百人いるもようだ。同市は経済状況の厳しい家庭に対して、日本人を含めて就学のための補助金を給付している。そのトルコ国籍者の数が約三百人いるという。他の国籍の子供の数、一人当たりの支給額は公表されていない。ただし市はこの三百人に対して支給額年間約二千五百四十万円を見込んでおり、その支援を国に求めている。ここから考えると、クルド人への支援は子供一人当たり平均で年約八万五千円になる。

川口市は低所得者層、外国人の子どものための学習支援対策も行なっている。二三年初頭時点で二百人ほどが利用しているのに、二三年度のトルコ国籍の利用者はわずか二人だ。クルド人の親も子供も勉強に熱心ではないことが、そこからうかがえる。

そして日本政府は、おかしな決定を下した。日本で生まれ育った在留資格のない外国人の子どもについて、小泉龍司法務大臣（当時）は、全体の八割を超える二百十二人に滞在を認める「在

留特別許可」を与えたことを二四年八月に発表した。家族に不法入国や薬物使用といった重大な犯罪歴がないなど一定の条件を満たした子供を対象にしたという。親もビザをもらえる。関係者によると国籍別の推定で百人以上のクルド人の子供がビザを得たらしい。

ところが埼玉県南部で、法務省・出入国在留管理庁は、ビザを与えた子供たちの修学実態の調査をしていないという。中には不登校で、事実婚をしてしまったのに、ビザをもらってしまったクルド人の女子高校生がいた。また難民であったはずなのに、ビザをもらった後に、トルコに里帰りをして、バカンスをしている写真をSNSに出している家族もいた。そんな子供たちと親に、政府は滞在を認めてしまったのだ。

◆勉強で自分の未来を切り拓こうとする少年

悲しくなる話ばかり続くが、少し希望が抱けることを聞いたので紹介したい。日本語教室の講師の話だ。埼玉県南部ではボランティア、NPO、また私塾の形で日本語が教えられている。身元は隠す。

他の外国人は積極的に日本語の無料講座を学びにきます。傾向として、中国人の日本語習得の意欲は強いです。親は勉強させて、子供が日本で生活できるようになることを願っています。

クルド人は来る人が少ないです。そしてささいなこと、例えば授業の遅刻、また態度の改善を注意しただけで、すぐに怒り出します。根気もなく、すぐに教室に来なくなってしまいます。他の国の人は合法な居住の人が多く、たいてい日本語がある程度話せます。ビザを得るために必要だからです。クルド人は難民と称して滞在しているので、言葉を学習しません。他の民族の人はたいてい、日本と日本文化が好きですが、クルド人は大半が日本のことを知りませんし、あまり知ろうとしません。知的好奇心も乏しいようです。加えてクルド語もトルコ語も上手に読み書きできないようです。彼らは中学校を出ていない人が多く、勉強の文化がないと、石井さんの記事で知りました。納得できました。そのために日本語も上手くなりません。

ただし問題ある人ばかりではありません。一生懸命学習するクルド人の中学生もいます。同胞や親が、「出稼ぎなのに難民と嘘をついて日本に来ている。それは良くない」と、状況を分かっていました。クルド人が同胞の経営者を儲けさせるために安く働かされたり、変な日本人活動家に利用されたり、日本人の弁護士、司法書士、行政書士などにお金を吸い取られていることも、理解していました。石井さんの報道の通りですね。そしてクルド人は、氏族、そして父親の束縛が強いようですが、おかしいと思うことをクルド人社会で口に出さない賢さもあるようです。そしてクルド人の子供の問題のあるグループとも距離を置いています。

この子は自分の境遇を抜け出すため、また自立するために一生懸命勉強をしています。学校の成績も良いです。私は大学まで行って奨学金を取り、滞在の資格を仮放免の立場から留学ビザ、正規滞在に変更することを勧めています。その子もその意欲があります。

石井さんの報道は正しいと思いますがクルド人に冷たく、厳しくなっていますね。脅迫されたためでしょうか。あなたの感情は理解できますが、真面目に、頑張る子供がいることは、ぜひ知ってほしいと思います。

向学心に燃えるクルド人少年がいる。その事実を知ると私はうれしくなった。社会に知らせたいと思ったので取材を申し込んだが、断られてしまった。両親や同胞の悪口を言いたくないという。私が彼と出会うことはなさそうだが、その成功を祈りたいと思う。

（1）「立腹…十四歳が喫煙、商業施設で音楽爆音　出禁にされ花火投げ込む「外国人の僕だけ悪い事すると差別される」」（埼玉新聞　二〇二三年八月二十三日）

「クルドカー」による命の危険

◆クルドカーの暴走に日本人が苦しむ

「クルドカー」という言葉が、埼玉で自然に発生した。中東系の男、おそらくクルド人が危険運転をして近寄ると事故に巻き込まれかねない迷惑な車という意味だ。私の取材だが二〇二一年から二四年八月まで、クルド人、クルド系企業の関係する日本人の死者の出た交通事故は三件ある。そのうち二件はひき逃げという悪質さだ。

二四年九月二十三日、埼玉県川口市の交差点で乗用車とバイクが衝突し、バイクに乗っていた十七歳の建設作業員が死亡、十六歳の男子高校生が重体となった。埼玉県警は、親と共に同二十六日に出頭してきた「トルコ国籍」の十八歳の容疑者をひき逃げなどの疑いで逮捕した。私の取材によるとクルド人という。容疑者は無免許で、調べに対し「怖くなって逃げてしまった」などと供述している。

埼玉県内におけるトルコ国籍者による交通事故の発生状況は、二〇一四年から二〇年までは年間五件前後で推移したが、二一年は十五件、二二年は十二件、二三年は二十七件と増加傾向にある。クルド人は公称二千人の集団だが、この事故数の多さは異様だ。

　クルドカーは乗用車、そして解体業のトラックで観察される。私は世論のクルド人問題への関心を高めるためにSNSのX（旧ツイッター）で「今日の　#クルドカー」と、異様な走行をするクルド人らしい中東系の男が運転する車を掲載した。すると読者から異様な姿の車の写真が毎日のように届く。またクルド人自らも、自分の車や暴走行為を毎日のようにSNSインスタグラムに掲載する。そのために私はクルドカーの投稿材料に困らず、その数は二百以上になった。それだけ埼玉では、当たり前の存在になっている。

埼玉県内を走る「クルドカー」。危険な積載をしている。（2023年秋、埼玉県民提供）

　川口市を歩き車に乗ると、狭い道を高速で走り、危険な割り込み運転をする乗用車を何度も目撃した。運転手は中東系の顔の男でクルド人と見られる。彼らは異様に車が好きだ。改造車、高級車に乗り、SNSでそれを公開する。時には暴走などの違法運転もさらす。当然、日本人は怒る。

ある日本在住のクルド人は「ネットに違法行為の自分の写真をさらすなんて頭がおかしい。日本人が怒るのも当然だ」と、同胞の行為を呆れていた。

写真や映像は、こんな内容だ。

▼中学生ぐらいのクルド人の子供がトラックを運転している。その子供自らSNSに写真と映像を掲載。当然、無免許運転と思われる。
▼廃棄物を高く積み上げ、それが崩れそうなトラック。それをクルド人が自慢する。積載物の高さ制限は三・八メートルで、それを守っていない。また積載物の落下は罰金処分の可能性があり、シートで覆って防止する必要がある。
▼運転中に中東系の男が、スマホを見て、前を見ていない。日本人が撮影。脇見運転は処罰の対象になる。
▼改造車でスピード違反、暴走をして、二百キロ近いスピードを示しているメーターの表示をクルド人が見せびらかす。
▼あるクルド人が、「日本で成功してベンツを買った」とインスタグラムに自慢していた。そのナンバープレートを見るとレンタカーだった。日本人が笑い、そのクルド人はアカウ

ントを削除した。

そしてクルド人は運転マナーを改めない。そして警察の取り締まりに萎縮しない。その姿に、異様さを感じる。また積極的に取り締まらない埼玉県警に日本人の不信は高まる。

◆事故処理はあいまい、日本人が損ばかり

クルド人の危険運転は事故で日本人を巻き込む。川口市にあるクルド人の集住地区に住む三十代の日本人男性の話を聞いた。この人は生まれた時からその地区に住むが、引っ越しを考えているという。「自分一人なら我慢も対応もできるが、妻と幼い女の子がいるので怖い」と話していた。何度かクルドカーにひかれそうになった。

二〇二〇年の夏、この人の知人の日本人宅にクルド人運転の乗用車が突っ込んだ。この人も川口市内のその家に駆けつけたが、その時にクルド人が十五人ぐらい集まって騒いでいた。クルド人は事故やトラブルがあると、集まって相手や警察を威嚇する習性がある。

そして後から日本人妻らしい人がやってきて、「私たちは悪くない」「差別だ」という、彼らの喚き声の通訳をした。そして警察がやってきた。クルド人をその場で逮捕しなかった。誰が

運転していたのか特定できなかったためだ。そして警察は一応調べた。その車は無保険、さらに転売を繰り返していて所有が曖昧だった。名義上の持ち主は栃木県の日本人だったが「廃車にしたはずだ」と賠償に応じなかった。

捜査は長期化し、そして警察は「民事不介入」と言い始めて処理が曖昧になった。その知人は結局、一カ月後、家が壊れたままでは生活が送れないので、家を自己負担で修理した。「クルド人は怖い。警察は動いてくれない。集団で動くので仕返しが怖い。埼玉南部では、何があるか分からない状況になりつつある」とこの人は語った。

別の川口市民は、警察の異様な行動を見ている。二〇一七年秋のある日の夜、同市内のあるコンビニからワゴン車が高速で飛び出してきた。クルド人らしい男たちが、酒に酔ったのか大騒ぎをし、窓から体を乗り出しながら十五人ぐらいが乗っていた。

近くで待ち伏せのために待機をしていた埼玉県警の警察官は、その危険運転をする車を見過ごした。そして、その後ろで一時停止をしなかった日本人の運転する自動車を止めて事情を聞いた。この人はその状況を見ていた。そして警察官に近寄って抗議をした。

「なんでクルド人の車を見逃して、日本人を捕まえるんだ。おかしいじゃないか。あれを見ろ」と警官に言い、走り去ったワゴン車を指差した。すると警官はその車に背を向けて、「そんなものは見えない」と話した。さらに抗議すると、その警察官は、「公務執行妨害で逮捕する可能性があるぞ」と怒鳴った。そこでその場を離れた。

その後にこのコンビニの近くで、二〇二一年十月にクルド人の当時十九歳の少年が六十九歳の日本人男性をひき逃げで死亡させて逃亡した。この少年は、免許を持っていたが事故時点は不携帯だったという。国外に逃亡のためと思われる手続きのために東京品川の入管を訪れたところを逮捕された。

この犯人は、近くに住むクルド人解体業者の息子で、仮放免、つまり難民の立場だった。どのような法的処分になったか、またどのような被害者の救済が行われたかは不明だが、この少年は今も日本にいるらしい。先の危険運転を見過さず検挙していたら、見せしめ効果があり、その事故はなかったかもしれない。

この男性は「埼玉県警がクルド人や外国人に甘すぎる。取り締まらない。だから今、クルドカーで、私たちに命の危険がある」と怒っている。

◆高級車に乗る怪しいクルド人たち

そしてクルド人側に反省の兆しがない。二三年春の夜に、私はクルド人の集まるバーの近くで、暴走車両の写真を撮ろうと待ち構えた。すると黒い少し古い型のトヨタクラウンの改造車に乗ったクルド人の若者が停車して、車に乗ったまま「何をしてんの」と話しかけてきた。二十歳前後で、半袖シャツからは刺青が見え、顔はコワモテだった。しかし殺気や敵意は特になかった。日本語は上手ではなかったが、ある程度は話せた。

後から知ったが、この男は改造車の暴走行為を繰り返し、不良二世や若者グループの中心メンバーである二十歳の解体工だった。その後、ＳＮＳなどを削除し、姿を見せなくなった。犯罪に関わったとの噂もある。

少し怖かったが話してみた。

「夜にクルド人の車が暴走している。住民の迷惑になっている」

彼は答えた。

「そんなことないよ。真夜中には走ってない、俺たちじゃないよ。日本人もやってるよ。こんなところで写真を撮っていると、みんなに嫌われるよ。俺、日本も日本人も大好きだよ。迷惑なこと、するわけないじゃん。じゃあね」

こんな返事をして、彼は走り去った。

会話からうかがえることだが、暴走行為を彼らは悪いことをしているという意識がなく、軽い気持ちでやっているらしい。そして、その後に私は何度も経験するが、彼らは嘘をついて、問題をごまかそうとする。この男も、「夜中は走っていない」と嘘をついた。

クルド人は自称「難民」として日本に滞在している例が多い。難民というと苦しい生活を連想するが、クルドカーは高級車が多い。ただし観察すると十年から二十年前の型落ちの高級車が大半だ。クルド人の中に中古車輸出業がいる。そこから流れているらしい。

トルコは自動車産業を育成中で、外国製の乗用車の新車に高率の関税をかけ、値段が跳ね上がる。そのために中古車の購入が好まれ、輸出はかなり利益が出る。そうした車を横流しして、クルド人は他人名義、無保険のまま安く手にいれ、乗っているらしい。

しかし高級車の新車に乗っているクルド人もいる。そしてそれをＳＮＳで見せびらかす。千八百万円以上の購入代金がかかるトヨタのレクサスＥＸという高級車がある。それを購入し、ＳＮＳに写真を出していたクルド人夫婦がいた。ところが、その夫婦が立憲民主党の石川大我参議院議員の勉強会に参加していた。石川氏はそれほど力がある議員ではないが、不法滞在者などを含めた外国人の保護を主張し続けているおかしな議員だ。クルド人への人権配慮もなく、その映像をネットに流した。それをトルコ語話者に翻訳してもらった。

この夫は十八年前に偽造パスポートで来日した。その後に難民申請していた妻と結婚した。強制退去命令が、今年に来た。夫婦で「差別だ」「子供が三人いる」「日本から出ない」こんな趣旨のことを激昂して話していた。これを聞いて呆れた。

この夫婦は自分が不法滞在なのに、悪いことをしているという自覚がない。そしてそんなあやふやな法的立場なのに、高級車を買う判断能力の乏しさも驚いた。

イタリアの高級車マセラッティに乗っている写真を見せびらかしているクルド人がいた。この人物は、埼玉県越谷市のある解体業に関わっている。その同じ地域近くに不法投棄らしい産廃の山が見つかり、現在（二〇二四年九月時点）、越谷市役所と埼玉県警が捜査中だ。クルドカーのトラックの出入りが目撃されているが、この人物との関わりは不明だ。

クルド人は怪しい金儲けをし、その利益がクルドカーに使われている可能性がある。法律を破って金儲けをする外国人が利益を得ていたら、それを見た日本人は真面目に働く意欲を無くす。そして日本人がこのような怪しい行動、派手な消費を見せびらかしたら、税務署も、警察も捜査をする。また違法な運転はすぐに逮捕される。行政はクルド人に甘い。それに対する不満を多くの人が抱いている。

◆簡単すぎる運転免許の切り替え

クルド人は、日本の運転免許を持っているのだろうか。どうも怪しい。無免許運転が多い可能性がある。警察が積極的に職務質問や免許証確認をしないからだ。中学生ぐらいの子供が車に乗っているのを、埼玉県民が頻繁に見ている。クルド人二世は、日本語を多少は話せるが、書けない、読めない人が多いので、日本で運転免許試験を通る可能性は少ない。

来日したクルド人はトルコの運転免許があれば、日本の免許に切り替えることができる。トルコの運転免許制度は、簡単な実技と筆記で簡単に免許が取得できる。世界の中では日本のように一カ月ほど教習所に行って運転技術を学ぶ運転免許証制度を行なう国は例外的なのだ。

日本の運転免許の切り替えでは知識確認、技能確認のテストを免除する国は二十九国あるが、トルコはそれに入っていない。書き換えのための技能、筆記試験は非常に簡単という。ペーパーテストは少し前までは十問の英語のマルバツ式一種類で、英語が読めないクルド人たちは、正答の順番を暗記して試験を受けていたという。今はトルコ語があるが、十問程度の簡単なものだ。

トルコでも、在トルコの日本大使館が、現地は運転が日本に比べて荒いので、危険であると注意を喚起している。トルコ人によると、クルド人の運転はそのような交通事情のトルコでも特に荒いという。クルド人はトルコでも建設業の就労者が多い。その建設用トラックの違法運転も多い。トルコの警察は、クルド人に限らず、建設用トラックの不法行為の取り締まりでは、即座の検挙、高額の罰金、そのトラックの長期拘束で、再発を抑制しようとしている。これは日本でもぜひ行なうべきだ。

日本で今、トラックの運転手不足、また外国人の無許可タクシー問題などが起きている。それに対応するために、日本政府や警察庁は外国人のドライバー拡大策を行い、運転免許の取得の規制緩和を進めている。政府も政治家も、外国人の運転の現状の問題点を把握していない。クルドカーの現実を知っているのか疑問に思う。それどころかクルドカーや外国人による自動車事故が多発するようになった二〇二三年まで、外国人への運転免許の交付の簡易化を、日本の国会議員たちは、自分の手柄のようにPRしていた。批判が強くなって彼らは今では公には沈黙している。

クルド人が自発的に迷惑運転を改善しない。そのために日本の行政・司法機関が対応する必要があるが、動きは鈍い。クルドカーの問題は解決しそうにない。

壊れる解体業――「安物買いの銭失い」

◆違法工事が告発で止まる

クルド人は主に解体業で働く。その解体業が彼らのために混乱している。二〇二三年九月に、東京都品川区の南大井三丁目で外国人業者が危険なビルの解体工事を行なっていた（写真次頁）。この工事に困る複数の住民が私に知らせた。九月三日の日曜日の午後に、私は現場を取材した。

工事現場は異様だった。現場を囲う覆いはなく、解体のごみがはみ出して道路に散らかっていた。ごみの斜面の上にショベルカーが置かれ傾いて、倒れそうな気配だ。覆いをつなぐロープは、前にある電線に引っ掛けられていた。隣のビルの柵も破壊していた。私は現地を見たが、周辺は埃っぽく、粉塵や有害な建築材アスベストによる危険を感じた。どの建設現場でも設置が義務付けられる、事業者名の表示はなかった。

ネットで情報を拡散すると騒ぎになり、大手メディアが追随した。そして翌日に、私は警視

東京都大田区南大井のビル解体。
（2023 年 9 月、著者撮影）

庁大井警察署、品川区役所の建築担当部門、品川の労働基準監督署、機材を貸し出したリース会社に連絡した。外国人の違法行為は日本人が「泣き寝入り」する例が多い。しかしこの問題では、行政が動いた。

品川区は同日にその元請け解体業者に対して工事中止を命じ、解体工事計画の再提出、就労者の名簿提出と外国人の不法就労の禁止の確認、下請けを繰り返す事業構造が不透明なので、工事関係者の把握と責任の明確化を求めた。またそれぞれの役所が指導を行なったという。問題が社会に広がって工事停止となるまで、わずか半日だった。やればできるのだ。現時点（二四年九月）でここは駐車場になっている。

発注者は日本の不動産会社で、一番安い見積もりを出した中国人経営の解体業に発注した。「解体現場を一度も見ていないので、こんなことになったとは知らなかった」と驚いていた。

元請けの中国人経営の解体業者は取材に応じなかった。これを請け負った解体業のトルコ人が私に連絡してきた。アスベストの危険があるので助けてほしいということだった。

このトルコ人は「一人親方」、つまり一人しかいない会社を経営しているクルド人五人に発注した。ところが納期に間に合わないと中国人元請けが新たにクルド人の会社を参加させ、この業者がいきなりショベルカーを持ってきて、ビルを破壊する荒い工事を行なったという。

発注者の解体代金は千三百五十万円。二次下請けのトルコ人業者が受け取る約束は四百五十万円で、九百万円も元請けの中国人が抜いていた。クルド人への支払いについてトルコ人業者は明かさなかった。アスベストは一応、中国人業者が調査して書類があり、専門業者がそれを切り出し搬出した。中国人、トルコ人、クルド人の紛争の結末は分からない。

この問題は国会でも取り上げられ、浜田聡参議院議員が二四年六月二十一日に参議院総務委員会で質問した。石橋林太郎国土交通省政務官・衆議院議員（自民党）は、「労働基準監督署が労働安全衛生法に基づく是正指導を行い、これを受けて、埼玉県が元請事業者の責任について建設業法に基づく文書指導を行なった」と答弁した。

この事件は、外国人の違法工事でも、市民が声をあげ、行政が当たり前のことをすれば、事態悪化が食い止められることの先例になった。しかし同時に日本の建設業の異様さが浮き彫りになったことに、私は暗い気持ちを抱いた。外国人が安く仕事を受注し、その工事を手抜きし

安全対策をせずに高所作業をする外国人労働者
（2023年9月、住民提供）

て利益を上げている。そして関係者は誰もが無責任だ。

問題は、この現場だけでない。私はクルド人の解体現場を何度か観察した。たまたま私の住む場所の近くで解体が行われていた。そこではクルド人が、日本人の会社の下請けで入っていた。そこでクルド人は行儀が良く、あいさつを周辺にして、毎日、日本人の監督者が来ていた。就労が正規かどうか不明だが、クルド人であろうと、問題を起こさなければ、そして違法行為をしなければ、私は何も言わない。

しかし他の場所のクルド人の解体はどれも手荒で雑だった。彼らの作業はただ壊すだけだ。十代前半の少年らしい人が作業していた。違法な児童労働の疑いがある。交通誘導員もいない。現場が汚く、現場の覆いがないので騒音がうるさく、周囲に粉塵がばら撒かれる。素人目に見ても、工事が下手だ。そんな環境で解体工事をするクルド人は、マスクも防塵対策もしていない。確実に粉塵やアスベストで十年先に体を壊すだろう。

前頁の写真はこの南大井の工事現場を写した読者提供のものだ。どの国の人かは不明だが、外国人労働者が安全対策もせず、防塵マスクもせず、高所で作業している。彼らは労災に遭う可能性が高い。クルド人の経営者も、クルド人を支援する日本人たちも、こうした労働者の人権と安全を全く考えていないようだ。クルド人を批判し、敵視されている私が、熱心にその問題を提起している。おかしな状況だ。

こういう無責任の連鎖を断つこと、悪意を持ち制度を利用する人々の摘発をしなければ、日本社会と産業が壊れてしまう。また倫理を喪失した経済になってしまう。クルド人の経営であろうと、日本人の経営であろうと、おかしな解体業者を使い「今だけ金だけ自分だけ」と判断して解体をすることの末路は、「安物買いの銭失い」という商業格言の通りになるだろう。安いだけを理由に発注すると、当事者も、そこに関係する多くの人もさまざまな形の損をする。それは銭だけではない。

◆解体業は急成長産業――数百億円をクルド人が取る？

なぜクルド人が、日本にいたがるのか。解体業で一部の経営層は儲けているからだ。そして彼らは業界を混乱させるほどの「安さ」で仕事を受注している。しかしその「安さ」がおかしい。不法投棄などの違法行為で値段を下げている可能性がある。

解体業の市場規模は政府の建設工事受注動態統計調査によると二〇二三年で市場規模一兆千五百七十五億円、そのうち住宅解体は千四百二十九億円（完成工事高ベース）だった。一八年の解体業の規模は同統計で四千八百五十七億円だった。それが五年間で二・四倍、年率換算で一割以上の成長をしている。低成長の続く日本で、こんなに伸びている業界はないだろう。業界推計で、解体の件数は二三年で約九万件。高度経済成長時代の建造物の老朽化、建て直しの必要で解体需要が増加している。二八年までそれが増えると予想されている。

急成長をして一兆円を超える巨大産業なのに、解体業界の存在感は大きくないし、それほど人気がある感じもない。一般社団法人あんしん解体業者認定協会の中野達也氏に話を聞いた。

『3K』、つまり「きつい」、「汚い」、「危険」と業界のイメージが良くないことが人気のない原因です。解体業は社会で必要ですし、可能性があると思うのです。そのイメージを変えていきたいのですが、問題は山積しています。

こうした業界にクルド人は入り込み、シェアは不明だが埼玉を中心に確実に増えている。実は前述の解体工事の数字は、小規模の住宅解体はカウントされていない。中野氏の推計によると、上記統計や建築物滅失統計調査から推定すると、二〇二二年に住宅解体の市場規模は、南関東の一都三県で千四百億円程度だ。下請けなどで入ったとしても、数百億円分をクルド系企業が受注している可能性がある。

クルド系業者は安い価格を示して、埼玉県を中心に解体業の値崩れが起きています。ある業者さんが「こっちは法律に従ってやっているのに、あっちは法律を無視した工事で安い値段で受注をとる。やってられない」と怒っていました。しっかりとした経営者の下で修行し、優良な解体業を経営するクルド人経営者も出ていますが、大半は日本の解体業の水準に達していない業者が多いと感じています。

中野氏の団体は、優良な解体業者を建設業者、一般の人に仲介するプラットホームを運営している。外国人が経営する企業の登録希望はここ数年急増したが、大半は日本語も怪しく、実績も乏しく、中には見積書が作成できない業者もいる。それらの加盟は断っている状況という。

業界の発展のため、外国人労働者にどのように働いていただくかが課題です。しかし最初の日本語習得、法規の遵守などさまざまな難しい問題がある。そして働き方改革や物価上昇でコストが高くなるなどの課題に解体業は直面しているのに、クルド人系企業は安い価格を提示しています。当然、業界が混乱し、問題は関東一円に広がり始めています。

中野氏はこう指摘する。

クルド人の関与する解体は、木造の一戸建てや納屋などの小さな建物の解体が多い。単価で言うと百〜三百万円程度だ。日本の建築業法では、五百万円以上の工事は厳しい規制のかかる建築業の認可を取らなければならない。それが家屋解体業だけならば必要ない。ビル、鉄筋構造物などの解体は技術が必要なため、そこに日本人業者はシフトし、クルド人は作業員などでしか入らない。

クルド人は数年前までは解体で、日本の元請けの下請けとして入ることが多かった。前述の南大井の事件のような形だ。最近は個人などからの直接受注をネットで受けたり、もしくは日本人ブローカー、自社営業マンを使って注文を取る例もあったりするという。「クルド人は個別で受注を取る際に見積もりで二〜三割前後の安値を出してくる。どう考えてもそのような安値は出せない」（都内の解体業者）との声がある。

解体業は届出制であり、経営者名を登録し、それは閲覧できる。それによると解体業者の登録者数は二四年十月末で埼玉県内に本社があるのは九百六十一社。名簿を見ると中東系の名前の人が経営者にいる会社は約三百社ある。川口市に限ると、二百五十五社の会社のうち、約百七十社に中東系の名前がある。日本人妻、また名義だけ日本人を経営者に置いてクルド人が実質経営する会社もあり、その数はもっと増えそうだ。この一年、埼玉県ではクルド系と見られる会社が約百社増えた。入管法改正を前に、取得しやすい経営者ビザを得ることを狙っているらしい。建設業界で「一人親方」と言われる社長しか働き手のない小規模企業も多い。

◆安さの理由は不明――不法投棄、不法処理の疑惑

解体業の経費の内訳は、木造家屋解体で重機を使う場合に、一件あたり以下のような構成と聞いた。解体作業費（三十パーセント、作業員の日当など）、廃材の運搬処分費（二十五パーセント）、仮設養生費（十パーセント、現場の覆い、外注のガードマンなど）、機械器具や燃料費（十パーセント、リースが多い）、管理費（事務）（五〜十パーセント）、粗利（十五〜二十パーセント）だ。

この構成だと、ガードマン・誘導員、作業員の人件費など、どう考えても必要になる経費がある。クルド系業者は作業員のクルド人の日当を割安にし、誘導員を置かず、現場の覆いをし

ないなど安全対策費を減らす、危険な工事をしているようだ。それで雑な工事をして、工事日数を減らす。

　解体は更地にすればいいので問題工事をしても発注者は知らないし怒らない。再び頼む人は事業者以外には少ない。つまり違法な解体工事をやったら利益が出る「逃げ得」になっている。産廃の運搬では、整備されていないトラックに大量に廃棄物を積載し、危険運転をする「クルドカー」が批判されていることは示した。これは一度の廃棄物を大量に運んで、経費を安くしようとしているのだろう。

　しかし、そうした節約術でも二割以上の値引きができるかは疑問だ。業界内でささやかれているのは、クルド人の事業者が産廃の不法投棄、不法処理をやっているという疑惑だ。産廃の不法投棄は、一九九〇年代に社会問題になり、反社会勢力がビジネスに入り込んだため、徹底的に行政と警察が取り締まった。今も厳しい。業界は浄化された。法律も強化され、それに関わった建設業者、産廃業者は一回摘発されたら資格を失う。ところがクルド人の遵法意識のなさ、そして警察の甘さから、彼らの不法投棄は続いている可能性がある。「業界の状況が五十年前に戻ってしまった」（解体業者）。

　警察の取り締まりは外国人には緩く、クルド人は捕まりそうになるとトルコに逃げる例もある。近年、「ゲリラ投棄」と呼ばれる少量の産廃を、山奥などに急に捨て、逃走する事件が増えている。埼玉県では統計がないが、茨城県はそれを出している。この五年急増し、令和三（二〇二一）年は百三十九件にもなった。これをやっている可能性がある。そして実際に「トルコ国籍者」、おそらくクルド人が頻繁に逮捕されている。

またクルド人解体業者は分別せずに産廃をヤードに持ち帰る。そこでごみを粉砕して混ぜてしまい、それを捨てている可能性がある。業界用語で言われる「ミンチ」という手法で当然違法だ。そしてヤードに産廃を溜め込んでいるようだ。彼らは外から見えない自分たちのヤードでそれをやっているらしい。これも経費を下げる。

◆「立ち入り不可能地域」で産廃不法処理か

そうしたヤードが、埼玉県川口市の一部地域に集まるようになった。川口市によると、同市内の赤芝新田という市東北部の地区の約四十ヘクタールにヤードが約八十カ所もある。こうしたヤードの多くは、高い塀で囲まれている（写真次頁）。日本人が近寄りづらい異様な光景だ。

この地区では、日本人がクルド人ともめる事件が頻発している。二四年六月には、ここを視察した埼玉県議などの一行を取り囲むなどの事件が起きた。同年八月には散歩をしていた女性がスマホをいじっていたところ、「撮影しただろう、スマホを見せろ」とクルド人に取り囲ま

クルド人のヤード。日本人には近寄りがたい雰囲気だ。（2023年6月、著者撮影）

れて一時間以上、路上で軟禁状態になり、警察に救出される事件も起きた。

川口市の赤芝新田には特別養護老人ホームや小中学校がある。二〇二四年五月の連休中には、このヤード集積地で、クルド人が音楽を鳴らし大騒ぎをした。ある氏族の子供たちの割礼式を集団でやったらしい。割礼式とはイスラムの儀式だ。住民によるとその音は一キロメートル先にも聞こえ、午後から夜十時ごろまで続いたという。

産経新聞記事(1)によると、騒音を止めるように訪れた警察官や市議会議員、市の職員に対して、クルド人は次のような暴言を吐いた。

「大金をかけて音響施設を用意したので音は絶対に下げない。取り締まりをしてみろ」

「いまは日本人の理解が足りないけど、十年後はわれわれを理解する日がくる」

発言したクルド人の考えはかなり異様で、日本社会への感謝も、協調する考えもない。

川口市開発審査課によると、集計を始めた二〇二二年四月から二四年七月末までの二年四カ月の間に、川口市内のヤードへの苦情や要望は、騒音や振動被害二十一件、野焼き十三件、粉じん被害六件、交通関連五件など計七十二件となった。この地区からの苦情が多いという。クルド人は、夕方解体現場から戻ってきて夜まで作業をしている。しかし行政も警察も積極的に取り締まらない。

西欧には「No Go Zone」という言葉がある。本来は「立ち入り禁止地区」という意味だが、近年は「移民による治安悪化で、その国の住民どころか行政・警察も立ち入り不可能地域」という意味ができてきた。日本にそうした場所ができつつあるようだ。

川口市は、二〇二二年四月から、ヤードの規制をし、新設はしづらくなった。そのためにクルド人は新しい場所にヤードを作り始めた。

川口市に隣接する越谷市で七月末に同市のある場所にある、産廃の不法投棄の現場を取材した。川口のようにヤードが壁で覆われていなかったため、公道から産廃の山が見えた（次頁写真参照）。

ごみの中には何かが詰まった黄色い袋があった。アスベストは黄色い袋で厳重に処理されるルールになっている。その可能性があるので、近づくのをやめた。この産廃の山の周囲には確

越谷市某所の不法投棄の現場（2024年8月、著者撮影）

認できるだけで八つの中東系の名前の人物が経営者などを務める、クルド系と思われる解体業があった。これらが関わっている可能性は高いだろう。ここの外国人解体業者たちは住民とコミュニケーションなく、過積載トラックの暴走、そして騒音、深夜までの操業をやっている。川口市と同じ状況が起きている。

越谷市民が、この状況をＳＮＳで伝え始めた。すると突然、「訴えるぞ」「間違ってる」「クルド人がやったのではない」と騒ぎ続けるＳＮＳのＸ（旧ツイッター）のアカウントが出現した。片言の日本語を使う外国人、日本語話者の二名だった。クルド人はこれまで示したように、頻繁に嘘をつき、絶対に謝らず、相手を攻撃する。二〇二四年十月時点で、越谷市役所が調査に動き、埼玉県警が捜査をしている。すると上記のＸのアカウントも消えてしまった。これがクルド人関係者としたら、意味の分からない奇妙な行動だ。

◆クルド人を利用する日本企業の悪質さ

こうしたクルド人を利用しているのは日本人だ。埼玉の解体業の日系企業グループ大手の幹部と意見交換を二四年一月にした。クルド人の解体業の問題を説明したところ、「石井先生のおっしゃる通り。そんなひどい状況とは知りませんでした。もう発注をやめます」と返事をした。軽い雰囲気の人で、知らないとは嘘をついていると思った。

予想通り約束は守られなかった。今も、この企業グループは埼玉や東京で、クルド人や外国人労働者を下請けに使い解体業を続けている。その人に先日、「約束はどうなりましたか」とメールをしたが返事はない。

クルド人を騙す日本人もいる。あるクルド人は、日本の建設会社に数千万円の支払いを不払いにされた。民事裁判を起こそうとしたところ、不法行為をその企業に告発されて経営者が逮捕されてしまった。「悪いことをしたのは事実で反省するが、日本企業にも悪いことをする人がいることを知ってほしい。私たちは立場が弱い」と、その経営者の息子が嘆いていた。

「クルド人問題は日本人問題」なのだ。クルド人の問題行動は、日本人に多くの責任がある。安く発注する企業。取り締らない行政。その結果、埼玉県の人々が平和に、静かに生活する権利をおびやかされている。その流れを今、断ち切るべきだ。経済システムの中に、クルド人や不法滞在外国人が組み込まれてしまうと、取り外すのは困難だ。クルド人解体業にターゲットを絞って警察・行政は取り締まりを強化してほしい。

そしてクルド人の解体業を見て分かることがある。外国人労働者の安易な受け入れは日本経済、日本人の利益にはならないということだ。「少子高齢化の日本で、労働力確保のために移民は必要だ」という主張がある。外国人労働者の大量導入で利益を得るのは一部の日本人と一部の外国人経営者のみで、損をする人ばかりということが、クルド人の解体業を見れば分かる。移民を増やそうという日本政府の政策によって、日本の経済にも社会にも悪影響が起きる。これは埼玉クルド人問題を分析すれば明らかだ。

（1）「川口クルド百人超、資材置き場で大音量　騒ぎ警察出動「日本人の理解足りない」（産経新聞、二〇二四年八月十八日）

第二章　自分が外国人犯罪の被害者になる

「なんで逃げなかったんだ。俺みたいに逃げればよかったんだ」

NHK大河ドラマ『西郷どん』より
徳川慶喜のせりふ

クルド人による脅迫が続く

◆「石井を殺す」と喚いたクルド人を埼玉県警が逮捕

私は埼玉クルド人問題の報道を当初一人で報道し続けた。その結果、在日クルド人、その取り巻きの日本人関係者から憎しみを集め、脅迫や嫌がらせを受けている。記者は観察者という立場で社会問題に接するが、今回は自分が外国人犯罪の被害を受けて当事者になった。彼らから被害を受ける埼玉県民と同じ立場になり、苦しみを共有した。そして当事者になったことで、日本の外国人管理政策の問題点が自分の体験として見えた。

私は殺害の脅迫を受けた。トルコ国籍のクルド人で三十代の解体工が川口警察署を二〇二三年の九月二十六日の午後に訪れた。応対した署員に「石井孝明がクルド人の悪口を言っている。警察は発言をやめさせろ。さもなければ石井を殺す。二週間後に死体を持って来る」などと興奮状態で話した。つまり私と川口署の双方を脅迫したわけだ。他国に行って警察官の目の前で、その国の国民を「殺す」と喚くなど、常識から想像できない人だ。この男を同署は現行犯で逮捕した。この解体工は難民認定申請中で、仮放免の状態だった。つまり日本での正式な滞在資格はない。

同署は逮捕の後で私に携帯で連絡して、私はその事実を知った。翌日二十七日、私は川口署に出向き脅迫をされたと被害届を出した。ところが検察、警察は二十八日に、逮捕から二日で、処分保留で釈放してしまった。

川口署から釈放したとの連絡があった。そして警察官から「石井さんは引っ越しを検討することも、選択肢の一つとして欲しい」と言われた。私は不快に思った。「警察が日本国民である私の安全を守らず、外国人の犯罪者を野放しにし、私に責任を押し付けるのはおかしい。なんで私が一方的に負担を受けなければいけないのか」と言い返した。警察官からは返事がなかった。

同年十月二十四日に、さいたま地検はこのクルド人を不起訴処分にした。私は一カ月以上経過しても、連絡がなかったので警察、検察に確認した。不起訴であることを知り、検察官に処分内容の通知書の書面の送付を求めた。その通知書を受け取り、処分を行なった検察官に面談を求めた。

検事はこのクルド人の発言が衝動的なもので、私を襲う可能性は少なく、このような判断をしたと説明した。そして事件を東京入国管理局に連絡しており、そこでこの人物の滞在について適切な判断を下すことを希望すると述べた。「外国人だから不起訴にしたのではなく、事件内容に基づき判断をした」と言う。最後に検察の決定に不満を述べると検事は「承りました」とだけ答えた。

警察署で「人を殺す」と喚くクルド人のおかしな男が日本にいる。そのような人間が暮らしているということは、埼玉県民にも危険な状況だ。二〇二四年十月時点で、この男が強制送還されたかどうかは不明だ。

私はこの決定をおかしいと思った。川口のクルド人を所管する東京入国管理局の違反審査部門に、経緯を記した上申書を送り、強制送還を求めた。またこの問題に注目した浜田聡参議院議員が、このクルド人の名前を示さなかったものの、国会で取り上げてくれた（参議院行政監視委員会・二〇二四年五月十三日）。出入国在留管理庁は、「個別事案の対応状況に直接関わるものについてのお答えは差し控えたい」と、当事者の私にとって何の解決にもならない答弁をした。

産経新聞が、この事件を大きく報じてくれた。しかし、他のメディアは、日本国民である私の安全と、日本の言論の自由が外国人に脅かされているのに、全く報道しなかった。この姿勢は異常だ。

◆脅迫を続けるクルド人たち

これだけではなかった。家に押しかける、講演会に押しかけるなどの在日クルド人の脅迫二件、日本人のクルド人関係者による嫌がらせ二件、正体不明の人間による嫌がらせ一件を受け、私は警察に相談している。

私はいずれも警察に相談し刑事告訴をしたいと述べた。警察は受理を渋った。しかし三人のクルド人には、携帯を突き止めて今後、何かを私にしたら、警察が動く可能性があると警告した。これらの人物からの脅迫は止まった。日本の入管は建前では「素行の悪い外国人にビザは出さない」と表明している。しかし、このうち二人は仮放免者、一人は日本人女性と結婚し配偶者ビザがあるようだ。実際には日本人を脅迫する素行の悪いクルド人が日本に滞在している。

ところが無言電話が携帯電話にかかってくるようになった。アフガニスタンなど中東からの電話があった。海外発信にして、電話やメールを出すことはできるらしい。また差出人は不明だが、刃物や銃弾の写真、殺すと日本語で書かれるなど脅迫めいたEメール、SNSのメッセージは、海外のクルドらしい人からの連絡も含めて二十回ほどあった。警察は私の自宅をパトロールで警護しており、詳細は言えないが私も自分で費用を負担して安全対策を行なった。

それ以外にも、「バカ」とか、「乞食」「デマ」「ヘイト」などの片言の日本語や、汚い言葉を使ってＳＮＳで匿名で絡んでくる人たちがいる。これらは在日クルド人、また取り巻きの日本人による可能性が高い。またクルド人が頻繁に原爆の写真を送ってくることに呆れた。教育を受けていないので、日本についての知識がそれしかないためであろう。在日クルド人から五十通ほど、海外のクルド人から百五十通ほど、二百通ぐらいのメールやメッセージが来た。大半が脅迫、嫌がらせ、批判だ。

さらに一部のクルド人と関係する日本人は、「石井孝明はトルコのスパイだ」と、喚き続けた。私はトルコとそのような関係はないし、そんな妄想を信じる人はいないだろうが、彼らはそうした陰謀論を好むらしい。

彼らがするべきことは、事実を伝えるジャーナリストの活動を、脅迫してやめさせることではない。問題行為をする一部クルド人の行動を改めさせることだ。こうやって記者を攻撃する在日クルド人には日本社会への敬意も尊重もない。自由な社会、また民主主義を支える「報道の自由」「言論の自由」の大切さも分からないようだ。私はそうした脅迫行為を公開し続けている。当然、在日クルド人の日本での評判は下がる一方だ。

私は埼玉クルド人問題の取材を始めた二〇二三年五月時点では、在日クルド人との共生を唱えていた。しかしクルド人による嫌がらせ、脅迫の体験から、彼らとの共生は無理と今では理解した。日本人は「仲良く」「話せば分かる」「共生」などと善意で外国人に向き合う。しかし外国人の中には、そうした日本人と異質の発想を持ち、日本人を脅して従わせようとする人たちがいる。私を脅す一部の在日クルド人は、そうだった。そして、これが世界の現実かもしれない。異文化、異宗教は、敵と認識して叩き潰すのが、世界の標準的な行為なのだ。

◆外国人管理制度が日本では適切に運用されず

そして被害者になって、日本が外国人を受け入れる準備が全くできていないということを理解した。

埼玉県警、そして私の住む東京の警視庁は、私の身辺保護についてできることをやってくれており感謝している。しかし、その対応には限界がある。私の安全を完全に確保できない。私は脅迫の犯罪被害者であり、大変なストレスを抱えている。ところが検察・警察から詳細な説明がない。日本の司法制度は加害者の人権に配慮して、被害者に対しての配慮が足りない。

さらに「外国人の犯罪は犯人が不起訴になる」という日本国民の懸念が、自分が被害者になった事件で、事実であることが分かった。私は厳罰を求めているのに、司法当局は、被害者である私の意向を全く考慮しない。

また私を脅迫し、埼玉県民に迷惑をかけるクルド人の多くは仮放免者だ。適切に入国管理、在留外国人管理ができていれば、そもそも日本に住んでいない。さらに出入国在留管理庁は、素行の悪い外国人にビザを出さないルールがあるのに実行しない。不法滞在の外国人をなかなか強制送還しない。

こうした警察、司法、入管による、外国人の管理や犯罪への無策、不作為が続けば被害は広がり続けるだろう。正義を実現せず、日本人を守らない、公務員の不作為に呆れる。埼玉の地域社会、日本社会の破壊を行政機関が手伝っているように思えてしまう。

違法行為を行なう外国人には法を厳格に適用してほしい。悪い外国人を日本に住まわせてはならないし、日本に滞在する外国人は、選抜してルールを守る質の高い人だけにしてほしい。これが外国人犯罪の被害者になった私の願いだ。

訴訟による嫌がらせ、それでも逃げず

◆クルド人、日本人からの訴訟

クルド人とその関係者の私への嫌がらせは脅迫以外にも続いた。クルド人十人と日本人妻一人、そしてクルド人団体が、私を二〇二四年三月に民事訴訟で訴えてきた。そのうち一人は、私を刑事告訴した。私の報道で名誉が毀損されたという。

またある自民党参議院議員が同月に私を刑事告訴してきた。名誉毀損をされたという。この人と在日クルド人の親密な関係を指摘する報道をしたところ、執拗に一方的に批判をされた。私は違法行為をした認識はない。これらの行動は私のクルド人をめぐる言論活動を、訴訟を使って妨害しようとしていると、私は考えている。

記者や報道に対して、真に問題でない限り、訴訟による威嚇はするべきではない。言論の自由、報道の自由を脅かすためだ。私はクルド人問題で、メディアがほぼ伝えない中で、埼玉県民の考えを伝える情報の流れの中心の一つになっている。クルド人、国会議員は訴訟という手

段を使って、自由な情報の流れを妨害し、他の人に見せしめの威嚇をしているように思える。

いずれも本書を執筆する二四年十月時点で民事裁判と刑事事件の処理は進行中なので詳細は言えない。しかし私を訴えたことで、この議員、クルド人への批判は広がった。自分の損になっているのに、なぜこのようなことをするのか不思議だ。

記者になった以上、また外国人問題という難しい問題に取り組んだ以上、誹謗や中傷は覚悟している。しかし続く嫌がらせと罵倒、そして訴訟に、私は精神的に疲れた。

私はクルド人問題の報道と取材を、ボランティアでやっている。サラリーマン記者と違って、収入が確保されているわけではない。専門も経済や安全保障問題で、移民問題はほとんど関係してこなかった。日本のメディアは、外国人を支援する姿勢なので、この問題を執筆して収入を得る機会はそれほど多くない。

つまりクルド人問題は私に金銭的にも、精神的にも利益にはならない。何度も報道をやめ、問題から逃げ出そうと考えた。それは本書の執筆時点でもそうだ。けれども、私は逃げなかった。誰かが、クルド人問題で苦しむ埼玉県民の声を伝え続けなければならないと思ったからだ。

◆「見ないことにする」関係者たちにいきどおる

私は、埼玉クルド人問題に関係する前の二〇二三年の初めまで、外国人問題に真逆の考えを抱いていた。なんで日本は欧州のように移民を積極的に受け入れないのか。また気の毒な難民は、正義のためにできる限り受け入れた方がいい。日本は少子高齢化が経済低迷の一因で、外国人労働者は有効な対策だ。摩擦は多少あるかもしれないが、対応できると考えていた。こうした無知に今では恥ずかしくなる。

クルド人問題の取材をして考えは完全に変わった。日本は外国人を受け入れる準備が全くできていない。今は、国境を守り、管理された移民しか入れてはならないと考えている。

クルド人問題と私の関わりの始まりは偶然だ。二三年四月ごろ、クルド人による問題行動を、埼玉南部の地元住民や、問題に取り組んでいる奥富精一川口市議会議員（自民党）がSNSやX（旧ツイッター）で訴えていた。ところが、それに対して「ヘイトだ」「差別だ」と攻撃する人たちがいた。おかしいと私は、その仲裁に入った。そして奥富議員に連絡を取り、川口市に取材に行った。

現地は大変なことになっていた。川口市では、外国人・クルド人による住民への迷惑行為が多すぎた。普通の日本人が、不法行為、迷惑行為をする外国人に苦しんでいた。そして外国人に気を配る川口市民の優しさも印象に残った。

奥富議員は一緒に街を歩くと「奥富さん」と住民から頻繁に声がかかる、地元に根差した政治家だった。奥富氏は次のように語った。

私の主張は当たり前のことです。素行の悪い外国人による不法行為への徹底的な法適用を行なうこと。そして各外国人が迷惑行為の是正を自発的に行い、居住者としての責任を果たすように要求することです。ところがこの当たり前ができていない。みんなで、外国人問題で、見たくないものを見ないで放置してきた。それが大問題になって川口市民を苦しめています。外国人を排斥するなどという考えは、私にも川口市民にもありません。故郷を守りたい。平穏に暮らしたい。それだけです。

この見解は多くの川口市民と同じものであろう。そして私も同じ考えだ。これをヘイト、差別と糾弾する人たちの考えがおかしい。

二〇二四年五月当時、クルド人問題をメディアは伝えていなかった。「クルド人難民はかわいそう」という情報しかなかった。私は見たままの光景と、川口市民、埼玉県民の証言をそのままSNSと自分の運営する情報サイトで伝えた。誰からの命令でも、要請でもない。困っている埼玉県民のためになりたいと思った。

ちょうど二〇二三年の六月には、改正入管法が国会で審議をされていた。メディアは「日本政府に見捨てられた、かわいそうなクルド人」を連日伝えていた。そこで私の「クルド人が日本で暴れている」という正反対の報道は目立った。さらに同年七月に、川口市立医療センターでのクルド人による暴動事件が発生した。これは各メディアが国籍を曖昧に報道したが、私は「クルド人によるもの」と、掘り下げて報道した。私は個人という力のない立場だが、独自の情報を伝え続けることで、その報道は注目され、クルド人問題が広がっていった。

そして産経新聞が追随し、いくつかのメディアもクルド人擁護の立場も含め、問題を追いかけるようになった。そして今は、誰でもメディアの時代だ。玉石混合の面はあるが、一般の人がクルド人問題をSNSなどで伝えるようになった。

◆報道にたくさんの応援と支援

状況は少しだけ動いた。埼玉クルド人問題をある程度の人々が知り、これまで問題から逃げていた行政が動き始めた。そして本書を出すことになった。ただし、その改善は遅々たるもので、埼玉県民の苦しみは、完全に解消されていない。暗い気持ちになる。

ただし救いも感動もあった。私は自腹を切って、時間を割いて、ボランティアでクルド人報道をしている。対価としての収入がない。そのために嫌がらせを狙った私への訴訟の対応は、金銭、時間、精神の各面で負担になる。相手もそれを狙って、私をクルド人報道から手を引かせるために、やっているのだろう。そのために私は自分の状況を説明し、訴訟の費用と、安全対策の金銭的支援を求めた。

すると、多くの人に「頑張って」という言葉と共に支援をいただいた。数百円から数千円の金額の献金が多い。それでも訴訟の弁護士費用を出すことができ、優秀な弁護士二人に対応をお願いすることができた。また詳細は言えないが、自分の安全のための対策費にもある程度使えた。機会あるごとに寄付をいただいた方にお礼と報告をしているが、改めてここでも「ありがとうございます」と感謝を申し上げたい。

各裁判が終わり、私の身の安全が確保された時点で使い道を説明する。余ったら、外国人問題を、日本人の立場に立って考える団体を作り、それに使おうと思う。人々が浄財を出していただいたのに、自分の懐に入れることはおかしいと思うためだ。

そして、この支援に普通の日本人の健全さを感じた。いつの時代も、日本政府や役人は頼りない。この埼玉クルド人問題でもそうだ。しかし一般の日本人は賢明だ。問題を正確に認識し、その現状を憂い、自ら問題を解決しようとしている。その表れの一つが、同じ考えを持つ、私への応援なのだろう。吉田松陰の言葉「草莽崛起」（そうもうくっき：志を持った在野の人々が一斉に立ち上がり、大きな物事を成し遂げようとすること）を思い出す。

支援をいただいた埼玉県民のメールの一部を紹介して、この章を終えたい。私を評価する言葉もあり少し恥ずかしい。こうした人々を手伝うために私は埼玉クルド人問題に逃げずに向き合い続けようと思う。

クルド人問題については「おかしい」ということに、私はためらいがありました。私の周囲の住人にもあります。私たち日本人は、小さい頃から「外国人と仲良く」と刷り込まれますから。そして国とメディアと学校が「ヘイトスピーチはダメだ」キャンペーンを続けていますよね。これはクルド人問題では悪い方向に働いて、日本人が物を言えない状況を生んでいるように思えます。

石井さんが、「おかしい」「川口市民の人権を守れ」と言ってくれたおかげで、川口市で問題に直面する人は「おかしい」と声を上げられるようになっています。今はみんな声を上げています。川口市民に人種差別などは全くありません。私たちの生活を壊す、外国人に怒って、自分たちの生活を守ろうと立ちあがろうとしています。私は状況を変えられる希望が出てきていると思います。【川口市民、女性】

ダイ・ハードのマクレーン刑事みたいです（米映画シリーズ。関係ないのに事件に巻き込まれて、正義感から戦う、ブルース・ウィリス演じる普通のおじさんの刑事)。あなたは正義感から川口市に突っ込んで「なんで自分がこんな目に」とぼやいていますし、気の毒と思いますが、そうした勇気が社会を変えます。

身の危険を感じることと思います。くれぐれもお気をつけて取材を続けてください。あなたのような記者がいらっしゃることで、日本のジャーナリズムもまだ死んでない、と思えました。社会問題を調査し、客観的にそれを私たち国民に伝えることがメディアの役割と思います。しかし誰もクルド人問題でやりませんでした。大手の新聞社やテレビはいったい何をしているのでしょうか。どうぞご自愛ください。川口市の奥富市議とか、心ある人と連携して頑張ってください。私たちの手で、埼玉、日本を守りましょう。【埼玉県民】

第三章

政府の失敗が埼玉県民を苦しめる

「当然ながら、政府には良心というものがない。時折、政策というものがあるが、それだけさ」

アルベール・カミュ（フランスの作家）

制度のミスを衝く「偽装難民」の疑い

◆「本当にあなたは難民か?」

これまでの本書の報告で、一部のクルド人の問題行動を知った読者は、誰もが次の疑問を持つだろう。

「クルド人が、なんで日本にいられるのか」——。

彼らは日本の入管制度の不備をついて日本に滞在している。日本政府の政策の失敗が一因だ。残念ながら、それが答えだ。この章では、クルド人が日本に居られる日本側によって作られた事情を解説してみよう。

私は二〇二三年五月から、クルド人取材を始めた。最初の訪問の際に蕨駅近くのクルド人経営の人気ケバブ屋に行った。現在は報道で顔が知られてしまい、川口を歩くとクルド人からにらみつけられる。この時はそんなことはなかった。

料理は美味しかった。異国を感じることは楽しい。そこはクルド人のたまり場になっていた。

人懐こそうなクルド人の二十歳の解体工に話しかけた。一緒にいたクルド人は、記者との会話はやめた方がいいという態度を示したがこの青年は応じてくれた。クルド人も危ない雰囲気を持つ人もいれば友好的な人もいる。

「どこから来たの」「ガジアンテップ（トルコ南東部の県）から」「日本語上手だね。日本には何年いるの」「三年です。親が先に来た」

このようにやり取りはスムーズに進んだが、「どのような立場で日本にいるのか」と聞くと「難民です」と言って、その顔はこわばった。「本当にそうなのか」と重ねて聞くと、「トルコに帰ると、いじめられます」と下を向いた。会話は終わった。話せない事情がありそうだ。

在日クルド人はトルコで迫害を受ける「難民」と称して入国し、滞在資格を得ようとする。難民申請を日本政府が受け付けると、その審査期間中は日本に滞在できてしまう。初回の平均審査期間は二年半程度だ。そしてクルド人は、難民申請を何度も繰り返す。難民申請を九回繰り返し、二十五年以上、日本にいるクルド人もいるという。

トルコと日本の間には一九五八年から短期滞在の場合にビザを免除する渡航協定があり、両国の国民は在留九十日間の間はビザがなくても一方の国に滞在できる。長年の友好関係を反映したもので、おそらく観光と経済交流の目的を想定している。ところがこの仕組みをクルド人は悪用する。

クルド人は事前審査のないまま来日し、ビザなし滞在が終わると、難民申請を日本政府に行なって居残る。滞在資格のない外国人は、当然日本から退去しなければならない。しかし難民申請をした場合には、審査期間中は送還されない。おかしな制度であり、私は明らかに嘘である場合に申請そのものを拒否するべきであると思う。しかし難民保護の国際協定や条約などに関係するためか、日本政府はその仕組みを変えない。

出入国在留管理庁は、犯罪などを以前日本でしたり、国際指名手配されている外国人やトルコ国籍人の入国を拒否しているが、この短期ビザ免除の仕組みのためにすり抜けてしまう。

◆難民申請で日本に居残る

在日クルド人の難民申請の大半は嘘である可能性が高い。命の危険があるなら、地続きの隣のクルド人自治区のあるイラクに逃げるだろう。ところが片道二十万円程度の航空券を買ってなぜか日本にやってくる。彼らは就労目的で来日している。

政府は公表していないが、これまで累計で一万件ぐらいトルコ国籍のクルド人は日本で難民申請をしたようだ。ただしその申請が認められたクルド人は一人のみとみられる。トルコ国籍ではなく、内戦の続くシリア国籍のクルド人らしい。つまり出入国在留管理庁も、トルコ国籍のクルド人の難民申請が怪しいと分かっている。

日本に入国する外国人労働者は就労ビザの審査で滞在資格や日本語能力を調べられる。その結果、ある程度は質を選別される。ところがトルコ国籍のクルド人は、難民と申請し、日本の制度の不備をついた「裏口」で入国する。そのために日本語を知らず、選別もされずに入国している。

他の国では入国する外国人の犯罪履歴の照会システムを運用している。日本でも二〇二八年を目指して外国の犯罪者の照会システム「日本版ＥＳＴＡ」（ＥＳＴＡとは米国で導入された電子渡航資格認定システム）などを整備している最中だが、まだ運用されていない。日本政府の外国人の受け入れ体制は準備不足だ。

外国人は、難民申請中は原則就労できない。しかし、そのままでは飢え死にしてしまうので、第一回の難民の判定まで公的な保護費が出る場合がある。生活費は単身の場合一日二千四百円、住居費月四万円（二四年四月現在）と、かなり手厚い。また「特例措置」として、移動できない、時間制限（週二十八時間など）の制約の上で、就労が認められる場合がある。申請者は入管庁の収容施設にいることが原則だが、仮放免という形で施設外に住む仕組みがある。長期収容は経費、収容者の人権の問題があるからだ。

◆クルド人はトルコで迫害されていない

在日クルド人は、この特例措置と仮放免による就労を狙っているようだ。入管庁によれば、特例措置は二〇二三年六月時点で、トルコ国籍者千百七十七人に与えられ、大半がクルド人と思われる。多くの場合、クルド人は同じ氏族の経営する解体業で、特例措置の制限を破って就労をしている。こういう虚偽の難民申請が明らかになった場合には仮放免を取り消して強制送還することは可能だ。しかし、なかなか実行されない。

難民とは、日本政府も批准している難民条約（一九五一年）、難民議定書（一九五七年）で次のように定義される。「人種、宗教、国籍、政治的意見または特定の社会集団に属するという理由で、自国にいると迫害を受けるおそれがあるために他国に逃れ、国際的保護を必要とする人々」をいう。在日クルド人がそれに当てはまるかは怪しい。

クルド人は中東地域に約三千五百万人、トルコ共和国に千五百万人程度いる。同国のトルコの人口は人口の二割弱いる。国を持たない民族だ。

トルコ共和国は国としてクルド人を差別、迫害していない。同国の政府の身分証明書、各種手続きには民族分類がない。差別を避けるためだろう。つまり自分で民族を明らかにしないと、トルコではそれが分からない。すべての人がトルコ共和国民として扱われる。

一九八〇年代まで、トルコ政府は全ての少数民族の子供へのトルコ語教育と同化政策を行ない、反発するクルド人がいた。またこの頃から独立国家樹立を掲げるクルド人系テロ組織ＰＫＫ（クルド労働者党）がテロ行為をしており、トルコ政府はその鎮圧、摘発は行なっている。コルクット・ギュンゲン駐日トルコ大使は、在日クルド人問題について「日本の法令に逆らう行為は容認しない」「クルド人を含めすべての国民に人権が保障されている。国会には選挙を経たクルド系議員がおり、現在はクルド語教育や報道、文化活動も可能だ」としている(1)。

現在のエルドアン大統領の政権とその与党の公正発展党はクルド人の支持が多い。十八人の閣僚のうち二〇二四年九月時点で、副大統領、財務大臣、農業大臣がクルド人であり、外務大臣、保健大臣がクルド人とトルコ人の双方の血を引く。そして政権の主要政策はクルド人の住む東部地区の開発だ。一五年ごろまでのトルコの経済発展により、クルド人居住地区は大変な恩恵を受けた。

定数六百人の一院制のトルコ国会である大国民議会はクルド系野党に約六十人、与党などに約五十人のクルド人がいる。ただし民族政党は禁止されている。トルコ共和国は「世俗主義」と呼ばれるイスラム教と国政の分離を行い、軍や裁判所に政治的中立を維持させるための強い権限を持たせている。ただしエルドアン政権はその制約の中で、イスラム教を尊重する政治を行なっている。中東でイスラム教を強調する政治運動は、民族対立をなくす方向に動く。現政権もその方向に進んでいる。

そしてトルコは死刑制度がない。クルド系テロ組織ＰＫＫの創立者、指導者のアブドゥッラー・オジャランも一九九九年に逮捕されてから、現在まで終身刑で服役している。在日クルド人は帰国しても、徴兵拒否やＰＫＫ支持をしていない限り、逮捕され命の危険に遭うことはないだろう。

◆出稼ぎで来日する人が大半

在日クルド人の出身地の状況を紹介しよう。トルコ南東部のガジアンテップ県、カフラマンマラシ県の僻地の五つほどの村に住むクルド人のマヒカン族というグループが全体の六～七割ぐらいだ。しかし彼らが儲けていることが伝わって、このグループと別の人たちがここ五年ほど、集団で来日するようになった。近くに住むトルコ人がクルド人として難民申請をして、日本に滞在している例もあるという。またマヒカン族以外にも、イスラム教の異端のアレヴィー派のクルド人集団も来ているようだ。ここでは、それらも在日クルド人と同じように扱う。

トルコ南東部、シリア国境地帯は乾燥した荒野だ。トルコはG20（二十カ国のグレートパワー）に選ばれる中東の大国だ。しかし地方では未開発の場所も多い。ここは以前から産業が育たずに貧しい地域で、トルコ都市部への出稼ぎが多かった。ある三十代のクルド人は「私が小さいころ、二十年ぐらい前まで車も珍しかった。日本に出稼ぎに行った人が帰ってきて車を買い、村中が注目してうらやましがった」と話していた。トルコの移住先の都市部でも彼らは都市生活に慣れず、迷惑行動を起こして、現地のトルコ、クルドを問わず都市住民とトラブルが多かった。この地域のクルド人は、「無学な羊飼い」とトルコでは差別されることもあった。

この地域は一九八〇年代にＰＫＫのテロがあった。しかし現時点で騒乱はない。また二〇一一年からのシリア内戦で、難民をガジアンテップ近郊に受け入れたため治安の問題が発生している。また二三年二月のトルコ大地震で、大きな被害を受けた。

そのマヒカン族がトルコの経済危機のあった一九九〇年ごろから日本に出稼ぎに来た。最初に来たのは、取り締まりから逃亡して世界各国に拠点を設けようとしていたＰＫＫ関係者という説もあるようだが、定かではない。

そして偶然、川口に集まり解体業で働き始めたらしい。当時から日本で解体業は、日本人に人気がなく、日本人が当時いたイラン人、そのクルド人を雇った。そのクルド人らが仕事を覚えて独立し、金を稼いで帰国して地元で良い生活をした。それを見たクルド人が日本に行きたがり、また日本で解体業をやるために、氏族のクルド人を呼んだ。そうやって増えていった。当初から、難民申請をするという手法で滞在した。

在日クルド人が迫害を受ける難民であるならば、日本人は当然助けるべきだ。しかし明らかに自分の金銭的利益のために出稼ぎ目的で来日して、日本に居着いている人が大半だ。そんな人たちを日本人がさまざまな負担をして、受け入れる必要はない。

◆在日クルド人の実数さえ日本政府は把握せず

在日クルド人をめぐって、日本の行政のあきれる話がある。その居住数が何人いるかさえ、日本政府、地方自治体が把握していない。私は出入国在留管理庁が人権への配慮で公開していないのかと思ったら、本当に集計していない。そして実態調査もしていない。調査をまとめたものは、本書が初めてだろう。問題の対象を把握できなければ、対策さえ作れない。

私は在日クルド人の数を三千〜四千人程度と推計している。在日クルド人、また彼らを支援している日本のメディアは約二千人と繰り返すがそれより多いだろう。彼らは問題を矮小化したいのかもしれない。

在トルコ国籍者の住民登録者が、川口市には二〇二四年四月時点で千五百四人いる。そして在日クルド人団体の日本クルド文化協会（川口市）のメディア向け資料によると、トルコ国籍の仮放免者数は埼玉県に二三年三月時点で約千名程度いるという。また二四年のトルコの在外選挙で、日本で登録した有権者数は五千六百七十二人いて、クルド系政党が過半数以上の得票を得た。在日クルド人は難民なのにトルコの選挙権があり、積極的に選挙人登録をして投票に行く。

また日本維新の会の高橋英明衆議院議員は、二〇二四年九月に出入国在留管理庁の推定によると、行方不明のトルコ国籍者は同月時点で約千人超いると報告を受けたと明らかにした。これまで同庁は、行方不明者の数が多い上位の国しか示してこなかった。こうした情報を分析して、私は子供を含めて、在留者は上記の数字三千～四千人と考えている。

ただし在日クルド人の居住実態を把握するのは難しい。クルド人は入れ替わりが激しい。金を稼ぐと「難民」であるのに、それを取り下げて頻繁に帰国する。また在日クルド人は住民登録をしたがらない。登録する場合には、行政サービスを受けられる一方で、課税されて居住地を捕捉されるためのようだ。

また彼らは難民という立場だけではなく、さまざまな資格で日本に滞在している。日本人女性と結婚し配偶者として滞在資格を得ている人、留学の資格で学校に通う人、就労資格を取り正規の滞在資格で日本にいる人とその家族もいる。日本人妻は百人ほどいるらしい。正規の外国人滞在資格（ビザ）は、二四年八月時点で二十九種類もある。複雑になった外国人滞在制度の穴をついて、クルド人は日本に居残る。もちろん、これを支援する専門家たちの入れ知恵だろう。

◆難民申請を悪用し居残るクルド人

外国人の難民申請が急増している。出入国在留管理庁によると、二〇二三年中に難民認定申請した人は八十七カ国の一万三千八百二十三人。多かったのはスリランカ三千七百七十八人、トルコ二千四百六人、パキスタン千六十二人の順で、この三カ国で全体の五割超を占めた。大半がクルド人と思われるトルコ国籍の難民申請者は一六年に千人を超え、二三年は初の二千人台になった。

また入管庁によると、前科を持つ外国人四百二十四人が二〇年末時点で難民申請をしているという。犯罪者が日本に居残る口実に、難民申請が使われているようだ。

二三年二月にトルコ大地震があり、在日クルド人の故郷の南東部トルコで大きな被害が出た。日本政府は滞在の特例ビザを出し、ここから避難するトルコ人に、二三年十月までの滞在を認めた。クルド人が親族を頼り一説には二千人ほどが来日したもようだ。その人たちは三割ほど帰国したが残りは難民申請したと見られる。避難者が難民申請をすることは予想できた。自分の負担を増やす入管庁、それを放置する政治家の行動はおかしい。

二三年に入管法が改正され、二四年六月から施行されている。それにより難民申請を繰り返すことは難しくなった（第六章で詳述）。日本政府の外国人管理制度の設計ミスを一因に、埼玉クルド人問題は発生した。政府はそのミスを認め、制度の是正と取り締まりの強化を進めてほしい。

（1）「川口のクルド人問題――日本の法令に逆らう行為は容認しない」トルコ大使（産経新聞、二〇二四年一月七日）

多文化共生政策の危険

◆日本人の優しさが危険をもたらす

「娘がクルド人に妊娠させられ結婚しました。結婚後に暴力を振るわれ離婚したがっています。私たちにも、そのクルド人の男は威嚇するようになりました。どうすればいいでしょうか」

「四十代の主婦です。出会い系アプリで、クルド人の二十歳男性と知り合いました。性の営みは上手ですが、金をせびられるようになりました。断ったらどのような反応をするでしょうか。石井さんはクルド人に詳しそうなので、教えてください」

クルド人問題を報道するようになってから、情報提供だけではなく、このような相談を受けるようになった。「相談する信頼を持っていただいたのはありがたいですが、私はただの記者で他人の人生に関わる能力はありません。警察、もしくは暴力団などとの対応経験の多い弁護士に相談してくださいと、返事をすることしかできない。

このようなメールを読んで思う。クルド人は日本人と異質な発想をする。それなのに無警戒で、無防備で接する日本人がかなりいる。「お人好しすぎないか」と、そうした行動に疑問を持つ。

クルド人問題が、なぜ埼玉県南部、特に川口市で発生したのか。私は「偶然が重なった面がある」と考えている。誰かが意図して集めたのではなく、クルド人・外国人が住みやすい条件が重なってしまい、彼らの集団ができた。その条件の一つに、埼玉県、川口市の人々が外国人に寛容で優しかったことがあると思う。

外国人やクルド人の心配をする、埼玉県民、川口市民の声を何度も聞いた。第一章でクルド人の集住地区の町内会長の話をした。労働災害にあったのか公園で自力リハビリをしているらしいクルド人男性がいた。町内会長はそのクルドの歩行を助けてあげた。しかしそのクルド人は日本語が話せず、感謝をそれほど伝えなかったという。

第一章で、クルド人いじめと間違った報道を日本人活動家と毎日新聞にされた母娘の証言を紹介した。この日本人少女にはクルド人の女友達がいた。彼女は両親に高校進学の必要はないと言われた。その日本人少女は高校に進むべきだと、そのクルド人の親を説得したという。

当たり前だが、埼玉県でクルド人と日本人の間の心温まる良い交流は当然ある。埼玉県民にとってクルド人は隣人であり、交流時間は長い。良いクルド人と良い関係を結ぶ人もいるし、クルド人と妥協し仲良くやっていきたいと考える人は当然いる。私はその考えを尊重する。

こうした優しさは日本人、埼玉県民の良い特徴だ。私はそれに敬意をもち、日本人として誇りに思う。しかし、それが一部のクルド人が好き勝手な行動をする状況を助長したかもしれない。一部の外国人、一部のクルド人は、日本人の優しさを感謝するのではなく、利用しようとしている。彼らは自分の利益だけを考え、日本人の権利を侵害することに平気だ。国から県、市まで、そういう外国人の防波堤になるべき行政に甘さがあった。そして問題のある外国人を日本に入れてしまった。

日本人個人の思いやりや優しさは美徳だが、悪意を持つ外国人に利用されている。これは悲しいことだ。そして外国人の数が増える中で、この悲しい状況は、日本中に広がっていくだろう。

◆コロナ給付金十万円に歓喜するクルド人

日本の行政の甘さの一つは、公的な支援や補助金を外国人、クルド人が使うことを許している点だ。この原資は日本国民の血税だ。二〇二〇年に日本の住民には新型コロナウイルス対策で、住民一人に十万円の給付金が配られた。これは外国人の住民登録者も含まれた。

ある川口市民の女性に話を聞いた。コロナ流行中の二〇年頃に、中東系の男女が子供連れで大量に、川口市役所に集まっていた。そして書類を持ってみんな大喜びし、一部の女性が舌と喉で鳴らす「レレレレ」と日本人には聞こえる「ザガリート」と呼ばれる奇声を出していた。これは中東の女性が喜びのときに出す音だ。

何かと思って市職員に聞くと、「十万円の新型コロナ給付金をもらえるためにやってきたんですよ」と不快そうに言った。公務員が政策の批判を述べ、感情を出すことは珍しい。住民登録をすればそれがもらえると知り、大挙して登録に押し寄せたという。コロナ流行中なのに、マスクをつけているクルド人はいなかった。

「なんでお金を渡すんですか。日本人の税金でしょ」と女性が言うと、その職員も「同じ考えですけど、国がそうしろというのだから仕方がありません」と答えた。この給付金は、国の財政支出で、指針では住民を対象にしたものであり、外国籍の人ももらえた。十万円はクルド人にとって、本国トルコで、二カ月分ぐらいの最低賃金分の収入だ。そのために喜んだのだろう。その女性は「税金を払うのが、ばかばかしくなりました」といきどおる。

国、県や市などの地方自治体が出す補助金は、外国人ももらえるものが多い。第一章「子供たちが怖い」で紹介した、生活困窮家庭の就学支援も、こうした支援金の一例だ。

医療でも問題は起きている。仮放免者、難民申請者は国民健康保険に入れない。クルド人は滞在資格があっても保険料を嫌がって加入しないことがある。

あるクルド人らしい男性が、体調の悪そうな子供の写真と一緒に「私たちを助けてください」とSNSのフェイスブックで、ある病院からの請求書を二三年十二月に掲載していた。その請求額は約二千六百万円。その病院に、なぜそこまで医療費が膨らんだのか、この親子がどうなったのか聞いたが、教えてくれなかった。人道的な見地から最高の医療を提供したのだろうが、それは無料ではない。

川口市立医療センターでは、二〇二三年度にクルド人だけではないが、外国人による医療費の未払金が約一億二千万円あった。日本の医療体制も、無保険の外国人にどう向き合うかが、今後に深刻な問題になるだろう。

ある川口市内の病院に勤務する看護師の話を聞いた。外国人の患者は問題を起こし続ける。待合室で騒ぐ、治らないと医者に抗議する、無保険で受診して治療費を払わないなどの事例が多発したため、診療を婉曲に断ることが増えているという。クルド人の場合はこの問題でも悪目立ちしている。日本語も英語も分からない。そのためにこの病院では翻訳機を購入して使い始めたが、医療用語を適切に翻訳できない。そしてクルド人は、体を触られることを嫌がり、突如、診察中に怒鳴り出す。そのために、男性看護師やガードマンが診察に立ち会うこともある。

日本の国民健康保険の保健証は、顔写真がないので本人確認ができない。あるクルド人が、別人の物を使いまわそうとして発覚し、診療を断ったこともある。
その病院で、あるクルド人の子供の医療費が数十万円に達した。払えないと父親と親族の計五人のクルド人の男が抗議に来た。警察を呼んで帰らせたがその男たちの中には高級外車に乗って来た者もいた。結局、その支払いは曖昧になったままという。

国も県も市も、こうした外国人による医療制度のおかしな利用についての問題をほったらかして、現場の私たちに問題を押し付けます。こういう医療のただ乗りを放置すると、いずれ埼玉県、国の医療制度が崩壊します。

その看護師は語った。ここでも外国人に対する日本の公共サービスの利用ルールの未整備という管理の甘さが露呈している。
ちなみにトルコは国民皆保険制度を採用しており、クルド人を含めたトルコ国民は安く医療を本国で受けられる。クルド人が日本で医療を受ける必要はない。

◆埼玉南部、「住みやすい町ランキング」上位から転落

クルド人が集住するのは、埼玉県南部、特に川口市だ。そして隣接する、蕨市、さいたま市、草加市、越谷市にクルド人問題は広がっている。この地域はどのような場所なのかを説明しておこう。

川口市の外国人の人口は二〇二四年四月一日現在で四万四千四百四十一人だ。全人口六十万七千二百七十九人のうち、七・三パーセントが外国人になる。この居住数は、東京都新宿区と毎年トップを競う。出身国の内訳は同時点で一位が中国二万四千五百六十七人だ。以下、ベトナム五千百五十五人、フィリピン二千九百二十人、韓国二千六百八十一人、ネパール千五百九十四人で、トルコは六位で千五百四人となっている。これは住民登録者数で、登録しない外国人もかなりいることは前述した。

隣接する蕨市にもクルド人は住んでいる。二三年十二月末時点で日本人七万五千五百六十三人、外国人八千三百九十人が住んでいる。外国人比率は十一パーセントにも達する。ここは二四年九月時点で、全国でも珍しい日本共産党の党員である頼高英雄市長が選ばれている。外国人とのトラブルについて市民の不満が出ている。しかし外国人の集住に対応する具体的な治安対策を市が行なっていない。

川口市は荒川を挟んで東京に隣接している。そのため東京の通勤圏でマンションも立ち並ぶ。二〇二〇年ごろまで、川口市、埼玉県南部の自治体は、不動産企業や経済誌などによる「住みやすい町」のランキングでは上位になっていた。住民サービスの充実、交通の利便性の良さ、そして賃料や地価のお手頃感のためだ。

ところが、こうした調査から川口市など埼玉県南部の自治体は、二〇二四年にはランク外になることが多くなった。治安の点が悪く、二三年から社会に広がった外国人、クルド人問題のためかもしれない。こうしたランキングは最近、評価下位の自治体の首長が不快感や抗議を続けるため、数が少なくなった。ただし埼玉南部のイメージが、外国人問題で悪化していることはうかがえる。

◆外国人に優しい街、誇るべき事だが

私が埼玉クルド人問題の報道を始めたときに、メールで二通ほど川口市民と称する人から「マンション価格が下がる。余計なことをするな。馬鹿野郎」という趣旨の激しい抗議がきた。申し訳ないとは思ったが、苦しんでいる同じ川口市民に協力してほしいと、この意見に悲しくなった。二四年には全国的な都市部の地価上昇で埼玉県南部の不動産価格や賃料は上がっている。

しかし川口市の不動産会社の社員に聞くと「治安のことを顧客に聞かれるようになり、一部地域は他の場所より価格が伸び悩んでいる」という。

埼玉県南部は昔から軽工業の工場が数多くあったが、産業構造の変化で今は数がだいぶ減った。この工場の労働者として、戦前から外国人が働いていた。「キューポラのある街」という吉永小百合主演、浦山桐郎監督の映画が一九六二年に公開された。キューポラとは溶鉱炉の煙突のことで、当時、鋳物工場が多かった川口でたくさん見られた。ここでは貧しいがひたむきに生きる主人公の少女の友人に在日北朝鮮人がいて、希望に満ちて北朝鮮に帰る場面が出てくる。いい人ばかりの映画で、私はあまり好感を持てなかった。川口市民に取材すると、「川口市民の外国人への態度はこのように友好的だ」と、頻繁に例として引用される。市民の共通の記憶になっているようだ。

しかし北朝鮮の帰国者は、飢えや現地での差別で悲惨な目に遭った。さらに一九八〇年代までに川口市では北朝鮮による拉致疑惑のある事件が五件も発生してしまった。過去にも、川口市民の優しさを利用して、犯罪を犯す外国人がいた。今でも日本社会から孤立している北朝鮮系の人たちの動きは、よく分からないという。

こうした外国人との共生の歴史をもつ川口の人々にとっても、クルド人の行動は異様と受け止められている。

川口の周辺部は事情が違う。農村が、宅地に転用され、東京や、さいたま市へのベッドタウンとなった場所が多い。川口市民ほど外国人に慣れていない。

隣接の越谷市で、外国人問題に取り組む立澤貴明越谷市会議員は次のように心配する。

越谷市民の気風として、おっとりした人が多く、外国人慣れしていません。私が危険を訴えても、市長も市役所の職員の一部も問題の危険度を分かっていない。川口で起きている、そして今、西欧で起きている外国人の増加による治安崩壊という状況を理解していないようなのです。

この心配は、日本の多くの自治体に当てはまるだろう。良くも悪くも日本は、ほぼ単一民族国家だった。その姿が変わりつつある。

◆「共生」を目指した市の責任

川口市など各自治体は、外国人の居住を促す政策を行なっている。特に川口市は「外国人に住みやすい街」というスローガンを掲げている。二〇一四年に当選した奥ノ木信夫市長は、その共生政策を強化した。行政サービスはトルコ語など二十一言語に対応している。そして前述のように各種サービスも補助金も外国人が使えるようにした。

川口市は、クルド人問題が社会的に表面化する直前の二〇二二年十二月に「第二次川口市多文化共生指針」を作り、公表した。同市の外国人に対する政策方針が示されている。この文書は外国人と住民のトラブル、外国人の違法行為については一行も書いていない。外国人の居住実態の調査もない。外国人の責任も住み方も書いていない。同年末時点で、クルド人による治安の混乱などの諸問題は、川口市では顕在化していた。

ところがこの文書は川口市民が「外国人に配慮すべき」とし、「共生の努力」をすることを求めている。その上で、多文化交流、理解を進め、それによる街づくりと、外国人の生活デザインを支援するという。理想は良いが、現実を全く直視していないことに驚いた。これは市議会で問題になり、見直しの作業が進められる予定という。

同じ問題は他の自治体でも起こりそうだ。こうした行政の指針作りは、コンサル会社などが主導し、他のところで作った指針を参考に作る。この指針も外部委員にリベラル系メディアに頻繁に登場する「多文化共生コンサルタント」が入っていた。そして他の地域と似た文書になっている。

今の日本で自治体が外国人排斥を訴えることは、社会的にできるわけがないし、してはいけない。しかし外国人が住むことを無理に促進する必要があったのだろうか。一部のクルド人のように、住民とのトラブル、治安の悪化を引き起こす外国人を、自治体が呼び込んでしまうことがある。

二三年から川口市役所には、市外からも含めて外国人問題、クルド人問題の苦情が殺到している。同年六月、川口市議会は「一部外国人による犯罪の取り締まり強化」を求める意見書を可決した。これは首相、国家公安委員長、埼玉県知事、埼玉県警本部長に宛てたものだ。これは名前を出していないが、クルド人のことを想定している。「多数の外国人は善良」とした上で、「地域住民の生活は恐怖のレベルに達しており、警察力の強化は地域の治安維持のためにも緊急かつ必要不可欠」として、取り締まり強化を求めた。

このような決議の採択は異例で、私が調べた限りでは類例がない。そこまで状況は深刻だ。しかし立憲民主党、日本共産党はこの決議に反対している。そしてメディアはほとんど伝えなかった。

同年九月に、川口市は外国人滞在者をめぐり、奥ノ木市長名で国と法務省に要望書を提出した。以下の三つの要点がある。

一、不法行為を行なう外国人の強制送還など厳格に対処を求める。

二、仮放免者が最低限の生活維持ができるよう就労を可能とする制度の構築を求める。
三、生活維持が困難な仮放免者への対応について、国の責任、援助措置を明確にしてほしい。

「国は迷惑な外国人を川口市に押し付けないでほしい。それをするなら、外国人を働かせる仕組みを整え、金銭的負担をしてくれ」ということだろう。国が、この要請通り仮放免者という滞在資格のない外国人の就労を積極的に認めることはないだろうが、そこまで川口市当局が困っているということだ。

◆外国人の移住を促進する必要はあるのか？

埼玉クルド人問題は、問題のある外国人を入国、居着かせてしまった国の入管政策の失敗が根本にある。それに川口市、埼玉県、住民が巻き込まれた。さらに問題を起こしているのは一部クルド人だ。川口市と市長への批判は、気の毒な面もある。

ただし苦言を言うと、今までの埼玉県や川口市などの自治体の行政当局は外国人に甘すぎなかったか。少子高齢化、そして自治体競争の中で、外国人を含めて住民増加が全ての自治体の重要な課題だ。しかし質を吟味しないで増やすと、問題が起きる。今起きている埼玉クルド人問題の結果責任を、政治、行政は負わなければならない。

日本の既存の社会制度は、公の行政サービスでも、私的なものでも、ルールを守り、社会常識、文化、言語を共有する日本生まれの、日本人の存在を前提に作られてきた。ところがその前提が通用せず、ルールを無視する外国人が住民となり、社会インフラ、公共サービスを利用するようになっている。想定外の事態を、自治体、また外国人に関わる日本人は予想し、対応するべきだった。準備ができないならば、そうした外国人を当然増やすべきではなかった。

「多文化共生」とか「外国人と仲良く」という日本に広がる美しい考えは尊重する。しかし外国人がその善意に積極的に応えるかは分からない。異質な外国人が地域社会に入り、増加すると、一方的に日本人が負担を受けることになりかねない。自治体レベルで進める多文化共生政策は、「他文化強制」を住民に強いて、混乱と不満を広げる危険がはらむことを、日本人は認識し、自分の住む街で起きかねないことを警戒した方がよい。

世界とつながる埼玉クルド人問題

◆海外への発信、世界から反響

「日本と同じことが、ドイツでも起きています。氏族で悪いことをする。女性に対する嫌がらせ。動かない警察とメディア。もっとひどい」

「私はフランス人として尊敬する日本人に忠告します。私はパリのクルド人暴動で車を燃やされたのに、補償さえありません。埼玉で同じことが起きないか心配です」

私は二〇二三年五月からクルド人問題を英語とトルコ語で報道した。海外でクルド人問題はどのようになっているか聞くため、そしてトルコ本国に問題を知らせるためだ。すると世界から大量の反響があった。前はドイツ、後はフランスからきたメールを翻訳したものだ。

トルコからは四百通ほど、ＳＮＳのＸ（旧ツイッター）やフェイスブックのメッセージ、電子メールで連絡があった。また英国、スウェーデン、フランス、ドイツ、イタリア、スペインから数通ずつのメール連絡が来た。埼玉クルド人問題とよく似たトラブルが、クルド人が移民・難民として入国した西欧、北欧、アメリカ、カナダで発生している。クルド人男性による現地女性への性的暴行事件。ごみを散らかす。騒音を出す。車の暴走。クルド系テロ組織PKK（クルド労働者党）が活動するなどだ。「悪いことをするのは一部のクルド人」と、日本で人権派の人が言う。クルド人が世界各国で常に同じ問題をこれまで起こし続けている。それと似たことが起きないように日本人が警戒することは当然だ。

今は翻訳ソフトが発達している。私はトルコ語を学んでいないが、在日クルド人問題で短文をトルコ語に翻訳してXで発信した。「PKKが日本で活動している」「クルド人の迷惑行為に日本人が困っている」という内容だ。またトルコの保守系のネット論説メディア「Tamga Turk」に、私のインタビューが二三年九月に掲載された。その編集者は優秀な人で、私の下手な英語をまとめた。その後も何件かの大手メディアに情報を提供した。これで私の報道はトルコで注目されるようになった。

私の投稿に賛意を示すトルコ人は、政治傾向では、トルコの保守派の人が多かった。彼らはイスラムを受け入れるエルドアン大統領支持者、また建国の父アタチュルクの伝統を受け継ぎ政教分離を徹底するトルコの「世俗主義」と呼ばれる政策の支持者に分かれる。どちらかというと世俗主義支持派の人の一部がクルド人に「野蛮」「テロばかり」などの差別的言動をしていた。ただし九割のトルコ人は「トルコ共和国では差別はなく、クルド人も平和に暮らしている。あなたが理解してくれてうれしい」という趣旨だった。少数ながらクルド人もいた。そしてトルコでも一部のクルド人は、都市部で車の暴走、騒音、ごみ出しなどの問題で、クルド人を含めた都市住民に迷惑になっているという。

◆世界のクルド人から大量の攻撃

ただしトルコ語での発信は、中東四カ国のクルド人、そして在日クルド人の憎しみを買った。彼らから大量に脅迫や罵倒が来たことは、第二章で紹介した。

そして私の英語の発信に、海外のクルド人が組織的な嫌がらせをしたらしい。私は自分のサイトに自動広告サービスを入れているが、その英語の記事に「人種差別の疑いがある」というので広告を止める警告が入った。そして大量に読まれている他の日本語の記事が、検索サイトでなかなか表示されなくなった。Xでのクルド人をめぐる投稿には「ドイツ連邦法により通知します。あなたの投稿に対して、ヘイトであるとの申請がありました」というメッセージが、自動であろうが送られてきた。クルド人の集住するドイツで組織的な通報が行われたらしい。

またアンティファ（ＡＮＴＩＦＡ）という、世界で活動する極左団体がある。その正体はよく分からない。そのＸのアカウントに、ドイツ語と英語で、「石井孝明というトルコのスパイがクルド人差別をおこなっている」と書かれた。めんどうなので、英語によるクルド人問題の発信を私は二三年秋に止めてしまった。

正確な英語でメールをくれたクルド人が一人いた。トルコの首都アンカラで弁護士資格を持って、政府機関で働いているという。

共和国の下でトルコ人もクルド人も、差別なく暮らしている。日本にいるクルド人が「迫害される」というのは嘘だ。彼らの一部はテロ組織ＰＫＫを支持している。ＰＫＫなど、まともなクルド人は誰一人支持していない。クルド人は真面目に故郷やトルコ国内で働いている。日本にいるクルド人は自分が満足できる人生を送れないことを、国のせいにしている、どの国にもいる愚かな人たちだ。彼らは教育がなく、田舎者で、国内でも「困った人たち」と、クルド人にも、トルコ人にも思われている。彼らと同じ民族であることが恥ずかしい。

クルド人の中で、問題を抱える人が外国に逃げ出す。私の予想通りの見方を、トルコのインテリ層のクルド人もしていた。

◆欧州のクルド人、治安悪化の原因に

現在、欧米では、大量のイスラム系移民、難民による社会の混乱、治安の悪化が広がっている。その中で、問題を起こしている民族集団の一つがクルド人だ。

クルド人はディアスポラ（離散）が民族の特徴となり、一九六〇年代から西欧に流入した。その数は凄まじい。推定でクルド人はドイツで百三十万人、仏で二十五〜三十五万人、オランダ、スウェーデン、オーストリア、英国で各十万人ほどいる(1)。

在日クルド人問題と違う点もある。まだ数千人しかいない日本と違って、欧州のクルド人は数が多すぎる。また教育を受けられず、失業者が多い。食べるために犯罪組織を氏族ごとに作っている。そして貧しいクルド人のため、クルド系テロ組織ＰＫＫ（クルド労働者党）が互助組織として活動している。またクルド人とＰＫＫのネットワークは、バルカン半島を通じた欧州への麻薬搬入ルートになっている(2)。

在日クルド人は現在、解体業で収入を得られている。彼らの中には、まだ常習的な犯罪組織はなく、ＰＫＫも協力者はいるようだが活発に活動してはいない。

西欧のメディアは日本と同じように、移民の犯罪を積極的に伝えていない。その国の移民に懐疑的な少数のメディア、個人のブログでようやく知ることができる。

フランスは、一九七〇年代のイラクのサダム・フセイン政権に迫害されたイラク在留のクルド人を受け入れた。また一九八〇年代から労働力としてトルコのクルド人を受け入れた。さらに二〇一一年から続くシリア内戦での難民を一部受け入れ、その中にシリアのクルド人がいた。そういう人々が、フランスに馴染まずに問題行為をしている。

二三年三月にトルコ系過激派による放火によって、いくつかの都市のクルド文化センターが燃えて、クルド人三人が死亡した。するとクルド人がパリで暴動を起こし、車数十台を破壊、放火した。そこでＰＫＫの旗がはためいていた。あるフランス人が連絡してきた。パリ市内で、特に治安が悪くない、クルド人の集住地区でもない場所を、たまたま仕事で通りかかり、車を一時停止していた。そしたら暴動が始まったので逃げ出したという。翌日、暴動が収まり、車を取りに戻ったら黒焦げになっていた。「私はクルドとトルコの争いなんて関係ない。なんで巻き込まれるのか。保険は一部しか出ず、政府は補償してくれない」と怒っていた。

スウェーデン人からのメールでは、「国内最大の犯罪組織がクルド系になっている。難民として助けた政府は狂っている」と書かれていた。この国では「クルドのキツネ」という犯罪組織が活動している。麻薬の密売、歓楽街の利権を牛耳っている。その首領のラワ・マジドは、一九八六年イラン生まれ。父母が難民として一歳の時にスウェーデンに来た。捕縛されそうになるとイランに逃亡したが、ようやく二〇二三年にトルコ政府によって麻薬密売などの容疑で逮捕され、スウェーデンに引き渡され殺人の疑いで訴追された(3)。

スウェーデンは、ウクライナ戦争の後で二三年にNATOへの加盟を申請した。ところがトルコ政府は、クルド人移民の中にテロ組織PKKがいるとそれに難色を示した。スウェーデンは、PKKの取り締まりを約束し、二四年に同国の加盟が実現した。

米国、カナダでもクルド人による犯罪が起きている。米ニューヨーク市でクルド人のギャング団が二四年六月に一斉検挙をされた。彼らは難民申請をし、車に乗って女性を連れ去り、暴行をしたという。被害者は十五歳の少女だった。アメリカで報道されたのでトルコで話題となり、このグループはクルド人と、トルコのメディアで報道されていた。私が第一章一節で紹介した埼玉での女子中学生暴行事件を連想させるものだ(4)。

◆「大家族犯罪」が深刻になるドイツ

クルド人集団の犯罪が深刻なのはドイツだ。トルコからの出稼ぎ者、シリアからの難民の中にクルド人がいるという。そしてクルド人の家族を単位にした犯罪組織が近年活発に動く(5)。

特に、マラミエ＝クルドと呼ばれる二十万人の集団が問題になっている。もともとはトルコ南東部のマラミエ地方に住み、レバノンに移住した後にドイツに難民として一九七〇年～八〇年代に流れ込んだ人の子孫たちだ。その際には、東ドイツが手引きし、東西の窓口だったベルリンから、西側にこの難民を送り込んだという。移民・難民を他国攻撃の兵器にするという異様な発想を、争いの歴史の長い欧州諸国は持っている。

マラミエ＝クルド人には、ドイツ生まれの二世、三世が誕生しているがドイツに同化しない。その人々が氏族というゆるい血縁関係でまとまり、犯罪に走っている。麻薬密売、歓楽街での風俗業、強盗や窃盗などをする。

警察の報告書には、ある氏族グループについて、「警察官や市民に暴力をふるうことをためらわず、ドイツの法律を認めず、家族の掟やルールのみを大事にしている」と書かれている。一部在日クルド人に似ている。

ドイツはナチス時代の反省から、外国人の人権を過剰に保護する動きがある。各州の警察は、クルド人、外国移民の犯罪者の報道を積極的に広報せず、メディアも報道しなかった。最近の治安悪化を受けて、ようやく最近、報道するようになった。しかし「クルド人」ではなく、警察の広報文も、メディアも「中東系」「大家族犯罪」という言葉を使うことが多い。問題が社会で隠蔽され続けている。日本より深刻なのは、このマラミエ＝クルドの人々は、ドイツ国籍取得者、もしくは大半が無国籍の人々で、ドイツが追い返す先がないことという。
この話を私に紹介したドイツ人ジャーナリストは次のように話した。

私はリベラルな考えを持ち、外国人の尊重を考えてきた。しかしマラミエ＝クルド人の問題についての報告を読んで考えが変わった。秩序を破壊する自由、その破壊者の人権の尊重は許されない。第二次世界大戦後の日本とドイツは、国家権力の抑制、人権の尊重、外国人と仲良くという社会規範の強化など、似たところがある。日本は、ドイツの失敗を参考に移民政策やクルド人対策を考えるべきだ。同じ過ちをしてはいけない。

◆テロ関係者を支援する日本人学者たち

そしてクルド人問題では、日本につながる不気味な国際ネットワークがある。私が英語でクルド人の問題を発信するとI・A（名前の頭文字）というトルコのジャーナリストが、いきなりXで私を「人種差別主義者」「ファシスト」と批判した。「ファシスト」とは、国際的には最上級の罵倒語で、大変失礼な行為だ。これにトルコ人が何人も、石井氏に失礼だと批判し、彼はネットで「炎上」した。

私はこのAに「人を中傷することはやめて、発言を取り消しなさい。クルド人としての誇りがあるなら、ジャーナリストなら、同胞に彼らを親切に受け入れた埼玉の日本人たちへの迷惑行為をやめるように言いなさい」と返事をした。

するとこの人はこのように述べた。

「権利が与えられていない小さなコミュニティに「宿題」を割り当てることはできません。それらの人々に人間の尊厳に値する権利を与え、次に彼らに責任を期待します。ヨーロッパの統合政策からいくつかの教訓を学びましょう」

つまりマイノリティに責任を与えるな、受け入れ国には大失敗であり難民・移民に大成功となったEUの外国人政策を日本は採用せよと、傲慢なことを言っている。私はこの発想に呆れ、不毛な対話をやめた。彼にクルド人を受け入れた優しく寛容な日本人と埼玉県民への感謝はなかった。

この人を調べるとクルド人で、左派的な政治立場に立ち、クルド人の権利拡大を主張し、トルコ人に批判されている。ジャーナリストというより政治活動家だった。そしてテロ組織PKK関係者として、トルコ治安当局に逮捕され、一年二カ月の実刑判決を受け、収監された。

そして日本に関係があった。Aは刑務所から出所直後の二〇二二年に日本の川口に半年ほど滞在した。日本の中東学会の関係する調査プロジェクトで招かれていた。調査員という肩書きだった。服役を忘れるための冷却期間をトルコ国外で過ごす機会を、日本の学会が提供したとしか思えない。そしてその費用は、国の科学研究費助成事情（科研費）から出ているもようだった。私たちの税金が間接的に、テロ組織関係者を支援している可能性がある。

私は、このAを支援した「トランスナショナル時代の人間と「祖国」の関係性をめぐる人文学的、領域横断的研究」と称するプロジェクト事務局と、国立大学の女性教授に質問状を出した。返事は来なかった。

このAは滞在中に、朝鮮総連傘下の各地の朝鮮学校を訪問した。そして「日本はクルド人を差別している」「クルド人と朝鮮人は同じ」と述べたと、総連の機関紙である朝鮮新報が報じた。朝鮮学校生徒は、「新たな同志」と呼んだという(6)。朝鮮総連は、北朝鮮による日本人の拉致に関係し、公安調査庁が監視する組織だ。また彼は各地の大学で講演を行い、日本政府の移民政策、在日クルド人の管理状況を人権侵害と批判した。それを朝日新聞、毎日新聞が伝えた。

日本の中東・イスラム研究者はイスラムを過度に理想化する傾向があるとされる。そして、日本、アメリカの中東政策を批判する。そうした人らがクルド人のテロ関係者と繋がっている。とても不気味だ。日本の中東の専門家、学者たちは、その持つ知識で、埼玉クルド人問題で困っている埼玉県民、日本人に役立つことをしていない。埼玉のクルド人問題はこのように国際情勢、中東情勢と繋がっている。そして日本のおかしな人たちが絡む。

不気味な動きがある。クルド人のＳＮＳを見ると、英国のロンドンから日本に移り、川口のレストランで働くようになったという男がいた。スウェーデンから日本に移ったという少女が、東京の街中で買い物をしていた。取り締まり、批判が厳しくなる西欧から、それが緩い日本に逃げているのかもしれない。欧州でのクルド人犯罪、またテロ組織ＰＫＫの活動が日本に入ってこないだろうか。

クルド人問題では、日本政府の失敗が埼玉県民に負担を押し付けるばかりか、国際問題や中東の紛争を関係のない日本に呼び込んでしまった。責任者たちは無責任すぎるし、その失敗の罪は重い。また日本人それぞれも、やってくる外国人に無警戒すぎなかったか。優しい人だらけの日本以外の国では、危険で恐ろしい人が相手の失敗を狙って攻撃してくる。そして日本が移民受け入れ政策を採用した以上、トラブルは一部クルド人だけではなく、さまざまな国の人が起こすだろう。彼らは日本政府や日本人の甘さやミスを狙ってくるはずだ。

（１）「離散の民、クルド人の実像――アイデンティティの衝突と被害者意識のすれ違い」（今井康平、中央公論二〇二四年八月号）

（２）「東西を結ぶ麻薬の道「バルカンルート」　トルコが本格的な対策に乗り出した」（朝日新聞ＧＬＯＢＥ、二〇二〇年七月二十八日）

（3）「Foxtrot（criminal network）」Wikipedia（英語）

（4）「Illegal accused of raping NY teen after slipping into San Diego from Turkey」（FoxNews、二〇二四年六月二十七日）

（5）「ドイツを悩ます「大家族犯罪」　法より「一家のおきて」重視で凶行や迷惑行為に関与」「「大家族犯罪」解決へ　偏見を助長せず歯止めかけられるか　スタート地点に立つドイツ」（いずれも朝日新聞ＧＬＯＢＥ二〇二四年八月十日記事）

（6）「新たな「同志」との出会い／クルド人ら広島初中高生徒と交流」（朝鮮新報ウェブサイト、二〇二二年六月十五日記事（朝鮮新報は朝鮮総連の機関紙））

第四章　在日クルド人の奇妙な生活

「嘘つきのろうそくはマグリブまでしか明かりを灯さない」

――トルコのことわざ

（マグリブとは日没直後の礼拝時間を表すイスラム教の宗教語）

富を見せびらかす難民たち

◆自慢する「フェラーリ難民」

イタリアの高級車フェラーリに乗っている姿を、ＳＮＳで自慢する三十代の在日クルド人がいた。その車は首都高速道路を時速百八十キロ以上で走っていた。その写真と映像がＳＮＳで出回った。これはスピード違反だが、なぜか警察は摘発に動かない。

これを発掘して拡散したのは、日本で正規に就労した経験のあるトルコ人の青年だった。「私は苦労をして日本語を学び、真面目に働いた。クルド人が日本で悪いことや不法滞在をしているのに、金儲けをして許せない」と述べていた。このクルド人は、日本語を読み書きできないが話せるので、クルド人を擁護するテレビの報道番組に頻繁に出演する。そのために顔を知られ、「フェラーリ難民」と呼ばれるようになった。

フェラーリ難民は難民申請を四回却下され、現在五回目の申請中だ。親族名義の会社のオーナーだ。「私は難民で資産は持てない、フェラーリはレンタルサービスで借りている。会社名義だ」と、私に説明した。そのレンタル会社のサービスを見ると、フェラーリを借りるサービスの最低料金は月六十万円だ。かなり金を持っていそうだ。

税の処理では、会社名義の資産を私用に使ったら「雑費」として高額の課税をされる。税処理の方法、スピード違反について聞いた。すると彼は黙ってしまった。喜びは消えてしまったようだ。プライバシーは明かさないが、この人は家族の問題、そして強制送還の懸念で困っているという。

在日クルド人は不思議な人たちだ。SNSに自分の「金持ち自慢」をする。車、レジャー、家などだ。感覚が「成金」で品がない。普通の日本人は、金持ち自慢を恥ずかしい、自分のプライバシーをさらしたくないと思うだろう。また税務署や警察に金の出所を追及され、犯罪者に狙われることを警戒する。そうした配慮もない。

本章では在日クルド人の生活を説明してみよう。日本人との違いが、文化的な観点から興味深く思えるだろう。また彼らの異様な行動を止めるヒントになると思うためだ。そしてこれから日本で増えてくる、中東・アフリカからの外国人の生態を分析する中で、参考になるだろう。ここでは特に金《かね》の話をまとめてみる。

◆日本での快適な生活を捨てられない

なぜ在日クルド人は虚偽の難民申請までして、日本に居残ろうとするのか。在日クルド人の生活を調査した人に聞いた。その人の立場と国籍は明かさないことにする。

彼らの本国の生活からすると、今の日本は「夢の国」に思える快適さかもしれない。そして不法滞在で日本やトルコの法律を破ることや自分と家族が将来にどのような不利益を得ることを考えない。教育がないためだろうが、欲望に飛びつき、先のことを考えていない。

在日クルド人は難民と自称しているが、大半は出稼ぎのために来日している。彼らは本国では農業や牧畜に従事していた。トルコでは、他の国と同じように、教育や職業訓練を受けていなければ、高収入の仕事になかなかつけない。彼らは学歴もなく、専門の職業訓練も受けていない人たちだ。トルコの法定最低賃金は月六〜七万円程度だが、彼らの出身地での農業では日本円で月五〜六万円しか稼げない。しかも今、トルコは経済危機の最中にあり、通貨のトルコリラの暴落に直面し、働く場所が少ない。

しかし日本で不法に就労すれば、月二十〜三十万円を得られる。肉体労働でこの収入で家族が生活するのは割に合わないだろう。しかし彼らにとっては魅力的な収入だ。また彼らは日本でスマホを必ず持ち、自家用車を無理して購入する。これら二つはトルコでは奢侈品扱いだ。トルコでは自国で育ちつつある自動車産業、電子産業を保護するために、新車もスマホも、定価と同程度の税金がかかり、日本で買う方が安い。これもトルコでクルド人が楽しめない消費の喜びだ。治安も良く、街は清潔で、クルド人への差別もない。日本人は優しい。埼玉県警は取り締まりに甘い。日本経済が衰えつつあると言っても、クルド人には夢の国だ。だから彼らは嘘をついてもやってくる。

クルド人も人それぞれで、怠惰な人もいれば、よく働く人もいる。過酷な労働をして、かなりの蓄えを持つ人がいる。そして少数のクルド人の経営層は、同胞を搾取して、トルコでは味わえない豊かな生活を楽しんでいる。

外国人が正規ルート以外の不法滞在覚悟で来日して働く場合に、たいてい怪しいブローカーが介在して高額の仲介料を取られるとされる。クルド人の場合には、そうした存在がない。氏族の関係で来日し、支援を受け、滞在ができる。しかも日本政府の外国人管理政策が甘く、摘発や強制送還の危険は少ない。彼らは日本に来やすい。しかし、そのために来日後に「奴隷労働」とも言える形で、氏族のボスに酷使されることになる。彼らの工事現場は必要な対策をしないので危険で労働災害はかなり多いらしい。

仮放免者に出される就労の「特別許可」を得て、クルド人は就労する（第三章）。日本の建設業で働く場合に、熟練度によって日当に四～五万円程度から一万円程度まで大きな差がある。クルド人は大半が、一日一万円程度の安い値段で働かされるようだ。しかし日本人が就業すると、収入から二～三割分の税、社会保険の諸経費が引かれる。在日クルド人は個人事業主として労賃をもらう。そうした諸経費負担が曖昧になり、多くの場合に払わない。だから同じ時給でも手取りは日本人より多くなる。そして不法就労、クルド人の労働者への人権侵害が行われている。それなのに、警察も、税務署も、入管も、労働基準監督署も、摘発に積極的ではない。

また解体業では、脱税や回収し忘れの隠し資産が現場で見つかる場合がある。鉄筋やごみの中で売れるものも出てくる。そうした副収入も期待できる。確認できない「都市伝説」があるクルド人の解体工が日本人の家で、十キログラム分の金《きん》の板を発見した。金は換金性が高く、所有履歴を追うことができないので、日本でも世界のどの国でも、昔から脱税に使われてきた。二四年九月時点で、金十キログラムは時価約一億二千万円になる。彼は金塊を何らかの方法でトルコに持ち出すことに成功し、難民申請を取り下げた。今は現地で不動産経営、そして金貸しをして暮らしているという。本当の話だとしたら、真面目に働く一日本人として、その不公平にやりきれなくなる。

◆稼いだ金の行先は本国送金

在日クルド人の稼いだ金はどのように使われるのか。派手な消費に加えて、かなりの部分が本国に送金されているようだ。難民と自称しているのに、本国に親族を残す例が多く、機会があれば帰国する。

在日クルド人の多くは、建前は難民のために銀行口座を日本で開設しづらい。あったとしても難民、仮放免のままの場合には、就労が建前ではできないため五十万円以上の預金を持てない規則がある。そのためにクルド系企業から、クルド人の解体工への支払いは、現金払いが多い。そしてトルコの親族や自分の口座に金を送る。

口座がなく、手数料が高く、送金が見えて課税されるので、クルド人は送金に銀行を使うことを嫌がる。氏族の中で日本に在留許可があり、出入国できる男に現金と貴金属を持たせ、帰国させて持ち運びをさせているらしい。

二〇二三年の暮、在日クルド人が七千万円分の日本円をトルコに持ち込もうとして、トルコの官憲に摘発され、罰金約四百五十万円を課せられたという。一族経営の会社からトルコの親族に送金のために持ち出したようだ。見つかったのは誰が悪いのかと争いになり、一人の男がその事実をSNSのフェイスブックに暴露していた。それがどのように処理されたかは不明だ。

このような摘発例が数年に一回、在日クルド人社会の内部で話題になる。

日本では、外国為替管理法で百五十万円以上の国外持ち出しは国への報告義務があり、これは当然違法行為だ。また国際テロ組織ＰＫＫ（クルド労働者党）と関係のある人間が在日クルド人にいると、トルコ政府は公表している。そうやってテロ資金が持ち出されている懸念がある。クルド人関係者によると、日本は入国管理では厳しいが、出国のチェックはそうではない。クルド人は札束を数十万円単位で薄く分け、バッグの各所やベルト、靴底などに分散して隠す。すると出国の際の手荷物検査でＸ線の検査に映らず、持ち出すことができるという。クルド人は頻繁に嘘をつく。二〇二四年十月時点で本当にそのように札束を隠して出国できるのは分からないが、注意喚起のために記しておこう。

また宝飾品は身につけると日本の出国の場合に見逃されることが多いという。トルコはインフレが進行しているために、通貨の代わりになる貴金属、特に金《きん》が流通している。そのために出国の際に、女性も男性も日本で貴金属を買って身につけ、国に帰り換金する。これは所得を捕捉されない一種の脱税だ。

ここまで派手なことをクルド人にされたら日本の国税も動く。税務署が二〇二三年から、クルド人の産廃・解体業を狙い撃ちするかのように監査を行い、追徴課税などをしているという。クルド人から「中国人やベトナム人も悪いことをしているのに、クルド人だけ狙い撃ちされるのは不公平だ」と不満が出ていた。税務署は悪質な脱税者を広報するのだが、なぜかクルド人の摘発で積極的にそれを行わない。

◆派手な無駄遣いをするクルド人たち

在日クルド人の経営層は、悪知恵を働かせ、税理士などの士業の力を借りて、節税、脱税をする。しかし大半の人は深く考えないで、派手な無駄遣いをしている。

ある日曜日に、蕨駅前のパチンコ・スロット店に入った。驚く光景だった。怖い感じの人ばかりだが、客の六〜七割がクルド人らしい中東の人だった。ある中東系の男が負けたのか、台をドンドン叩き始めた。すると店員が飛んできて、ファイルに挟んだ外国語の入った紙を恐る恐る差し出した。すると、その人は静かになった。「静かにしてください」などと書いてあるのだろう。クルド人はギャンブル中に熱くなり、暴れ騒ぐので、この付近にあるパチンコ・スロット店の大半から「出入り禁止」になり、この店にクルド人は集まるようになった。それでも熱くなって騒ぐ。店内にはトルコ語の表示だらけだった。

噂だが、裏カジノが川口市など埼玉県南部にいくつもあり、日本人や中国人の暴力団が関わっているという。クルド人はその客、そして「ネギを背負ったカモ」になっているそうだ。

在日クルド人のＳＮＳを見ると、男性は車の自慢ばかりだ。そしてスピードに異様なこだわりを示し、速度超過のスピードメーター、違法で危険な運転を頻繁にさらす。女性たちもＳＮＳが好きだ。彼女たちはほぼ専業主婦で、外に働きにいかないし、働く法的な資格がない人が多い。料理を写真に写す。少数の富裕層の妻たちは、家具やパーティー、旅行など、贅沢自慢をしている。

在日クルド人は金や物にしか関心がないようだ。不思議なことに、彼らの日常には、自分たちのいる日本は登場せず、日本人や日本社会への言及はなく、クルド人ばかりが写真や映像に出ている。日本語も書いていない。日本人や日本文化に触れて何かを感じている気配はない。日本社会の中で孤立し、また豊潤な日本文化に感動する感性や知識が教育を受けないためにないのだろう。

またイスラム教徒のはずだが、宗教などの精神世界への関心もない。在日クルド人はあまりイスラム教に関心がない。集住している川口にモスクは、マンションの一室を借りた小さいものがあるだけだ。酒を飲まない、清潔にするなどの戒律も守っていない。

そして「難民」という彼らの主張は、ＳＮＳを見ても本当か怪しいと分かる。本国での迫害を気にして、悲しむ投稿はほとんどない。

気づくのは在日クルド人の貧富の差だ。クルド人の経営層は、同胞を安く働かせ搾取していることを、悪いことであると思っていないようだ。繰り返すように、他者を思いやる感受性のない人が多い。

◆金だけを考える生活は虚しい

在日クルド人による問題行為への日本人による批判が増えている。それに対してクルド人は「俺はおまえより税金払っている」「嫉妬している」と変な反応をする。私も面前でも、ＳＮＳでも言われた。彼らの大半の税金の支払いが正しいとも思えない。また税金の量で問題行為が免責されるわけでもない。金ばかりに関心が向き、社会全体のことを考えたことがないから、こんな変な返事をするのだろう。かなり発想の変わった人たちだ。

「おかねもちだから、しっとしてるんだ。おかねトルコからもらってる」と、在日クルド人の税金の問題を取り上げたら、在日クルド人らしい男が片言の日本語で、ＳＮＳのＸ（旧ツイッター）で絡んできた。そこで私は次のような返事を、トルコの建国の英雄ケマル・アタチュルクの画像を添付して自動翻訳を使ってトルコ語で書き込んだ。

日本人は君たち在日クルド人と違って、金だけでは動かない。名誉と民族の未来と人々の幸せのためにも動く。それはトルコ共和国の立派な国民たちと同じだ。私の尊敬するアタチュルクも同じだ。君たちは、国や社会を持たず、考えたこともないだろう。彼の生涯をたどって学んでくれ。

アタチュルクは最初、トルコ国内の諸民族、クルド人との融和を建国の際に唱えたが、クルド人が独立の反乱をしたので弾圧に転じた。クルド人は彼を嫌っていると聞いた。すると、そのクルド人らしい男は黙った。そして私の投稿に目を止めたトルコ共和国の人々がトルコ人もクルド人も反応し、リポストという拡散の件数が五万、閲覧は三百万に達した。大半が感謝、賛意、共感の言葉だった。

その反応で分かったが、一部のクルド人が移民・難民という名目でトルコを捨てて出国し、西欧や日本で良い生活を送っていることに、トルコ共和国の人たちは国内のクルド人を含めて、反感を抱いているらしい。当然だろう。トルコ共和国がクルド人を弾圧していると嘘をついて国外に逃れ、しかも頻繁に帰国して、贅沢を見せびらかしている。受け入れ国にも嘘をついて入国する。「トルコ共和国を捨て、日本に難民と嘘をついて入国した、二つの国を裏切った恥ずかしい人たちだ。二度も他人を裏切った人間は、三回目の裏切りを必ずする」とトルコ人が、在日クルド人の評価を私への返事に書き込んでいた。

そうした在日クルド人を私が正論で、しかもトルコ国民の尊敬するアタチュルクを引用してやり込めたと彼らは受け止めた。だから面白がったのだろう。そして私のように「金ばかりではない」という考えはどの国にも普遍的に存在すること、在日クルド人の金ばかりを考える発想はトルコでもかなり異様なものとして受け止められていることも、この騒ぎから分かった。

実は在日クルド人だけではない。西欧に離散したクルド人、そして二〇一〇年代から欧州、北米に押し寄せている中近東やアフリカの移民・難民の行動でも、同じことが観察される。彼らは、自国に比べた豊かな生活、美しい女性、食べ物、車、家などに関心がある。SNSではそれを自慢する投稿、欲しがる投稿があふれている。一方で、移住した国、出身国への文化的な関心も愛着も尊敬も少ない。このような人たちが今、欧米を混乱させている。そして日本にも来ている。同じ混乱を波及させてはならない。

在日クルド人には、どうも金と自分の快楽ばかりを考える、日本人とは異質の思考の人が多いようだ。「今だけ金だけ自分だけ」という彼らの発想ゆえに、日本人に迷惑をかけ続け、それを改めない彼らの行動につながっているようだ。こうした人生は長い目で見れば、彼らにも不幸だ。自らの発想のおかしさに気づいて改善してくれれば良いのだが、その自省の気配を私は感じられない。

自分中心の異様な思考

◆他者の苦しみへの共感力の不在

「クルド人はどのような人たちか」――。

日本人から頻繁に聞かれる。一言で言うと日本人の感覚では奇妙な人たちだ。表現する言葉はいろいろあるが、私は「他者の苦しみを感じる共感能力が欠落した人たち」と、彼らの性格を要約したい。ここでは、彼らの他人に接する態度を述べてみよう。

もちろん「クルド人」という大きな括りで、その民族のすべてを語り尽くすことはできない。以下述べることは、私の見聞の範囲に過ぎない。しかし実際に彼らに接すれば、私の指摘と同じ状況を経験してうんざりするだろう。そして、こういう人々と毎日接する埼玉県民、特に川口市民、さらに取り締まる行政、埼玉県警の大変さも知ってほしい。

内外のクルド人から合計二百通ぐらいのメールやメッセージでの脅迫、嫌がらせ、批判が私に来たことは第二章で述べた。

私は彼らに「クルド人による日本人への迷惑行為をどう思うか」と聞いた。反省しクルド人の行為を改めさせたいと言う人は、在日でわずか二人だった。海外では二人だ。大半が私への抗議目的であるとはいえ、この反省のなさの割合は異様だ。そして絶対に謝らない。日本人が謝罪しすぎるのかもしれないが、この態度はおかしい。

彼らの大半は、この問題でまず嘘をつく。

「(迷惑行為を)クルド人はやっていない。あれはトルコ人だ」

「そんなことは小さいことを、日本人は誰も気にしていない。お前の指摘は大げさだ」

そして自分の責任逃れをする。

「差別だ」「私はやっていない」「なんでクルド人ばかりを責めるのか。日本人も、他の外国人もやっている」「クルド人の子供が学校でいじめられている」

こんな返事が返ってきた。

私の聞いた限りでは、クルド人の子供への小学校でのいじめは確認されていない。「どこでいじめが起きているのか」と聞き直すと、返事は一つもなかった。彼らは被害者の立場に立とうとするが、それは嘘であることが多い。

また在日クルド人から、彼らを受け入れた埼玉県民、川口・蕨市民、日本人への感謝の言葉は二名しかなかった。それどころか「仮放免のクルド人にもっと権利と自由をよこせ」との主張ばかりだった。

ＳＮＳでは在日クルド人が、日本人の怒りを呼び起こす映像を投稿し続ける。二〇二四年夏になってクルド人は日本の清流で泳ぎ、バーベキューをしてタバコを吸い、灰や吸い殻を水に落として川を汚す映像を何件も流した。場所は埼玉県の秩父らしい。日本は水を大切にする文化があるので、当然怒り出した。

神奈川県某所に複数の大手運送会社が作った物流センターがある。人手不足の中である派遣会社がクルド人をそこに仕分け要員として出した。そのクルド人はその最新鋭の設備が珍しかったのか、二四年春に内部を撮影してＳＮＳにアップした。これは企業秘密で大騒ぎになったようで、その会社とクルド人は出入り禁止になったという。

在日クルド人は、車の暴走映像や、解体の危険工事をここまで批判されたのにいまだに出し続ける。自分たちの行動が、日本人、川口市民に不快感を広げている。「他者の痛みを気にする、他人に配慮する感覚の不在」は深刻だ。

私がこれまで伝えた在日クルド人による日本人への被害を、多くのクルド人は「迷惑」と認識していないのだ。だから改善もしない。そして絶対に謝らない。彼らには、日本人と共生する意思はない。自分の欲望を勝手に主張するだけだ。

◆対立相手を汚い言葉で威嚇する

在日クルド人の行動で、次に目立つのは、トラブルがあると、相手を威嚇、罵倒することだ。しかも彼らは日本語が使えず、教養が少ないので語彙力が少なく、わずかの単語を繰り返す。罵倒語は、イスラム圏の侮蔑語、「豚」「犬」「糞」を頻繁に使う。在日の問題行為の批判に反論して怒る場合は「差別」「ファシスト」という言葉を使う。

在日クルド人を批判する保守派のデモが川口市、蕨市で繰り返されるようになっている。クルド人は、このような抗議者に反対する極左団体と一緒にデモへ怒鳴っていた。その行為の映像と共に、あるクルド人が「どおもう」（「どう思う」の意味か）と変な日本語を使って、私に映像を送りつけてきた。そこでは中指を立ててデモ隊を威嚇し、大騒ぎをするクルド人の姿があった。中指を立てるというのは、世界共通の侮辱行為だ。その中の一人は、日本クルド文化協会の幹部だった。「日本人死ね、日本人死ね、精神病院行け」と叫ぶ人もいた。私は、その映像、画像を拡散した。ＳＮＳのＸ（旧ツイッター）で一千万回以上閲覧され、大騒ぎになった。デモに腹が立っても、日本で「日本人死ね」と言い、集団でヤジを飛ばす姿は異様だ。彼らは、自分たちが、日本社会で外から来た立場であり、萎縮するという考えがないようだ。「クルド人は、トラブルがあると、まず相手を威嚇する。警察に対しても、民間人に対してもそうする。集まり、仲間を呼び、大声をあげてわめき散らす」

これは川口市民が、クルド人の行動パターンとして語ることだ。私のように血の気が多く言い返す人間は、言い合いになる。おとなしい人の多い日本人には恐怖とショックだろう。言い返すと、私も疲れる。

トルコ人によると、クルド人は本国でも同じパターンで行動する。警察が来ると集団で集まり威嚇する。その隙に犯罪者を逃し、証拠などを隠す。トルコの警察はその行動パターンを分かっていて、すぐに逮捕をする。日本の警察は、悪いことをするクルド人をなだめるが、「それは良くない。なめられる」と、このトルコ人は語った。

在日クルド人は日本語を適切に使えず、意思の疎通が難しい。それが、問題をさらに悪化させている。彼らの話す日本語は、単語を並べるだけの独特なものだ。文章を作れないのだろう。書く文章はさらにおかしい。川口市民の間では「川口語」という皮肉めいた言葉がある。日本語でもトルコ語でもない意味不明の言葉だ。私の報道への批判で、面識あるクルド人が次の批判のメッセージを送ってきた。

「いつもドルすきかてにてください！　どうでなにもかわるない！　人にくろいドローぬてるだけどよ。あなたやてるのが！　クルドことやねるんじゃなかた！」

おそらく以下の意味だろう。

「いつも通り好き勝手にしてください。どうせ何も変わらない。人に黒い泥を塗っているだけだ。あなたのやっていることは。クルドのことを言うのを、やめるんじゃなかったのか」

在日クルド人は、非正規ルートで「難民」と嘘をついて入国するため、学校で語学を学ばない人が大半だ。だから日本語の文法を知らない。在日クルド人は、トルコ語も、クルド語も、日本語も、使いこなせないようだ。

◆「世界は一つ」になっていない

スマホが普及した今、それで国境を越えて情報で人々が繫がり、世界の人々が共通の感覚を持つようになった。「世界は一つ」に近づいた。

こんな理想的なことを、世界のリベラル勢力やメディアが語ってきた。確かにそのような動きは見えるし、私も「ほんとかな」とかすかに思いながら同意していた。

在日クルド人、世界のクルド人とやりとりをして、私はその考えが変わった。世界が一つになったというのは、全員が中等教育以上を受けて知的にはかなり賢く民度が高いほぼ全員の日本人と先進国の知識人の間だけに通じる動きだ。世界の大半は旧態依然のまま変わっていないし、西欧発の人権意識、二十一世紀の社会常識とは無縁の人々がかなりいる。在日クルド人はそうした人々の一グループだ。

私は在日クルド人の取材を開始した二〇二三年五月には、外国人との「共生」を唱え、クルド人ともそうできないかと考えていた。しかし彼らの取材を初めて三カ月目ぐらいで考えは変わった。世界には分かりあうことが難しい人たち、日本の常識が通じない人たちがいる。そしてこれはクルド人だけではないだろう。外国人犯罪は繰り返されている。日本のこれまでの常識が通じず、他者の痛みへの共感がない外国人たちと、私たちはこれから向き合うようになりそうだ。

「悪いことをする人は一部だ」

クルド人や外国人を擁護するメディア、少数の擁護者は繰り返す。しかし一部ではなく、かなりの割合の人が、日本の感覚ではおかしな人だ。そしてそういう考えをしていると、権利ばかりを主張する彼らに、ずるずると日本人が譲ることになる。ここまで違うと、「共生」は無理だ。日本は、法律や日本人の人権の維持という守るべき一線を定め、クルド人にも他のどの国の外国人にも譲ってはならない。

学ばない在日クルド人、子供を不幸にする

◆数を数えられない人たち

川口市民は次のような光景を頻繁に目撃するという。スーパーやコンビニで、クルド人の女性や子供が会計をすると、顧客の列が渋滞する。彼らは銀行口座を持たない人が多いので、現金で会計をする。ところが自分の持っている商品の総額と、持っているお金の差を比較できず、数え直そうとしたり、棚に商品を戻して新しい商品を持ってこようとしたりするためだ。二桁以上の大きな数の計算をできないようなのだ。そして大人も子供も日本語を上手に話せない。会計に時間がかかる。

在日クルド人を調査した人がクルド人少女に聞かれたことがあるという。

「日本人は、物を数えるときに指を使わないの」

クルド人は大人でも、足し算を手の指を使い行なう。大きな数をとらえられず、暗算ができない。

日本のテレビは、支援者がお膳立てした在日クルド人の家を取材で訪問する。そこはきれいに片付けられ、自分たちは真面目であり、子供が困っているという美化された話をする。しかし流される映像を観察すると奇妙なことに気づく。その家には勉強机と本と筆記具が必ずない。テレビの記者は勉強不足なので、この問題に気付かない。机に座って勉強する、本を読む習慣が彼らにないのだ。

在日クルド人の学力は、日本人が想像する以上に低い。その調査した人によるとクルド人は日本語、トルコ語、クルド語の正確な文章を書けず、また聞く、話すもできない。言葉を使えない結果、抽象的な思考ができなくなる。そしてその状況を、学ぶことによって改善しようとしない。私が繰り返した在日クルド人の「人の痛みを感じない、配慮できない」という特徴も、こうした学ぶ習慣のなさが一因かもしれない。動物としての人は、学んで社会性を持った人間になる。

日本人は、ほぼ全員が母国語を読み書きできて、計算ができる。義務教育を全員が履修している。教師の話を静かに聞くなどの常識を大半の人が持っている。世界のＩＱや学力調査でも、常にトップクラスだ。しかし世界ではここまで知的能力の高い国民、民度の高い人が集まる国は稀だ。日本で想像できないレベルの人たちがいる。

クルド人が学ばないことは、彼らの社会、そしてトルコの政治情勢の問題がある。トルコ政府は一九八〇年代まで、全国民にトルコ語の教育を強要した。もともと牧畜・農業で生活をしていたクルド人は学習意欲が乏しく、また言葉が分からないので学校教育から脱落してしまった。さらにテロ組織ＰＫＫ（クルド労働者党）が一九八〇年代にトルコ語教育に反対し、クルド人の居住地域でトルコ人の学校教師を殺害し、学校を爆破するという、ひどいテロを行なった。その結果、クルド人は学校に行きづらくなってしまった。クルド人の四十歳以上の男女は小学校さえまともに通っていない人が多いという。

トルコ政府は現在、政策を改め、クルド語教育を認め、トルコ語学習のカリキュラムも整備している。クルド人の高校進学率は一九八〇年代に七十パーセントだったが、最近高校まで義務教育になったこともあり、現在九十五パーセント前後まで上昇した。高校で実業コース、農業コースを増やして、社会人にも解放して、学ぶことでクルド人が収入増につながる工夫もしている。エルドアン政権のクルド人融和策の一貫だ。世界に離散したクルド人の移民の子供たちが、本国と違って学習していない状況になっている。

クルド人は学ばないという情報は注意をして扱わないと、彼らへの偏見や差別を生んでしまう。もちろん遺伝的にクルド人が知的に劣るということは決してない。しかし在日クルド人の学習しない傾向は、日本での生活や行動に影響を与えている。その人たちと向き合わざるを得ない日本人は、参考情報として知っていいだろう。

◆「アンカーベビー」、道具になる子供

そして学ばない状況は、在日クルド人の生活にも影響を与える。教育を受けられない子供たちの未来は気の毒なものになる。「在日クルド人の子供は、日本の、いやトルコを含めた世界各国での良識的な家庭で育った子供の持つ能力がない例がある」と、彼らを調査した人は語る。落ち着きがない。勉強の習慣がない。物を借りたら返さない。物を壊しても弁償しない。悪いことをしても謝らない。人の話を聞かない。ルールや法律を守る意識がない。このように生活態度や行動に問題がある子供がある程度いたという。この人は言う。

これは大人たちの特徴の反映だ。在日クルド人の親たちは子供たちを可愛がる。しかし日本人の考える躾、つまり世間の常識と知恵を教えることをしない。そもそも親に日本の常識も、一般的な学力もない。子供は放任される。家庭に加えて学校での教育も受けない。非常に気の毒だ。

日本はクルド人にとって異国だ。言葉も社会常識も違う。そこに適応するには、さまざまなことを学ばなければならないはずだ。しかしクルド人は学ぶ習慣がないから適応できない人も

いる。クルド人の解体工の青年と話した時に、「何で日本語を勉強しないのか」と聞いたら「どうせ故郷に戻る。またクルド人が周りにいて、日本語を話す必要がない」と答えた。親が子供の進学を金がかかるから、嫌がる例もあるという。

米国では、不法移民が積極的に子供を産んだり、子供を連れたりして入国する。この子供たちを「アンカーベビー」(錨としての子供)、「アンカーチャイルド」という。米国は国籍法が出生地主義で、そうした子供は国籍を取りやすく、家族をなかなか強制送還しないためという。日本にはそのような法律はないが、出入国在留管理庁は子供がいる家族を送還しない甘い対応をしている。

クルド人はもともと多産であることに加え、日本に子供を連れてくる、結婚して日本で積極的に子供を産もうとする。在留を狙うためだ。日本では子育ての手当もある。私がこの「アンカーベビー」という言葉を紹介したところ、埼玉で使われ始めた。道具として使われる子供たちが気の毒だ。

いつまで経っても在日クルド人が同じ問題を起こし続けるのは、そうした家庭の姿と学習しない態度があるのだろう。

◆子供の人生の選択肢が限られる気の毒さ

そして学習がない結果、子供たちの未来の選択肢は限られる。在日クルド人の子供たちは、学問で社会地位の上昇をすることができず、法的な地位も曖昧だ。そのため、日本にいるなら男の子は解体業、女の子は氏族の構成員の書類作り係か、お嫁さん程度しか、未来の選択肢がない。もちろん解体業も、主婦も意義深い仕事であろうが、それしか選べないのは子供にとって残酷だ。

クルド人二世で非行に走る男の子が多いことを指摘した。その子供に責任があるが、それはそうした状況に追い込んだ親や、こうした環境も影響している。将来の見えないいらだち、その怒りの原因を、言語を使って分析できない。そのためにクルド人の少年たちは、十代特有のいらだちの感情も重なり、何かに反抗しようとするのかもしれない。

子供がぐれるなどの教育の問題を、在日クルド人も、日本人支援者も、日本政府と日本社会のせいにしようとしている。それは違う。こうした状況に子供を追い込んだクルド人の親たち、学びを助けない日本人支援者、そして放置し続ける日本政府の責任が大きい。

学ぶ人の少ない在日クルド人社会でも、日本で大学を卒業する子供が出始めた。二〇二四年三月に在日クルド人団体が公開したメディア向け資料によると、同時点で約二十人の在日クルド人の子弟が大学に通っているという。ただし、彼らが日本社会の良き構成員になるかは分からない。

大学を卒業したあるクルド人が、ある公共団体にトルコ語、クルド語の臨時職員の通訳として雇われている。ところがその人物らしいＳＮＳの匿名アカウントで、私を含めた日本人のクルド人批判者を罵倒、監視していた。私は個人情報がこの人を通じて公的団体から漏れかねないため、そこに関わる政治家に注意を喚起した。在日クルド人社会の孤立性、日本への憎しみが、教育を受けてもクルド人に影響を与えている可能性がある。

◆未来が見えないために苦しむ少女たち

在日クルド人二世の女の子も気の毒だ。在日クルド人は男ばかり目立ち、女性が家の外に出てこない。

クルド人社会において、女性の地位は、日本や欧米の感覚から見ると大変低い。そして家父長制で父親の権威が強い。クルド人の社会では、ふしだらと評判が立った女性を親族が殺す「名誉殺人」が時々発生する。西欧の難民も、受け入れ国で起こしている。これらの特徴は在日クルド人でも同じだ。イスラムの習慣もあって、女性が外で働くことや、家族外の男性とあいさつをすることも嫌がられる。女性は親や親族の押し付ける早めの結婚を奨励される。

前述のクルド人の家庭を調査した人の話によると、そうした日本での生活に苦しむ少女も多いという。ある十代の思春期の女の子はストレスから、親から見えない太ももにナイフを突き立てる自傷行為をしていた。クルド人は他人に肌を見せない。その子はトルコから急に親に連れられて来日して、日本語が分からなかった。同世代の日本人の女の子と比較すると、貧しく、将来が見えない。自分の境遇の悲しさで、心が病んでいたが、誰にも相談できなかったという。「マイスモールランド」という在日クルド人の高校生少女を主人公にした映画が二〇二二年に作られた。どこから資金が出たかは不明だ。在日クルド人男性たちからの情報を参考に、空想で日本の女性映画監督が作ったプロパガンダ映画だ。この映画では、日本の入管とトルコが敵として扱われていた。それは違う。クルド人の子供たち、そして女の子はコミュニティと親族の束縛に苦しんでいる。

◆子供を不幸にするのは誰か？

在日クルド人は、中途半端な状況に子供たちを追い込み、血の絆と因習で束縛し、教育を放置し、狭いコミュニティから抜け出せないようにしている。ところが、彼らと日本人支援者は、

「子供を助けて」と主張して日本に居住しようとしている。それはおかしい。

私は、クルド人の子供はトルコで生活し、教育を受けて、言葉と基本的な生活の知識、教養を身につけさせるべき、と思う。その上で、その子供が判断できるまで成長したときに、その意思で来日を選ばせるべきだ。ただし親たちのように嘘の難民申請という裏口ではなく、正規の手続きで日本に入国、滞在するべきだ。それが、日本人にとっても、クルド人の子供たちにとっても、一番幸せな人生の道筋だ。

しかし愚かしいことに、日本政府は、子供たちと親に就学ビザを与えてしまった。親の曖昧な法的地位、そして学ばない習慣をそのままにしてビザを与えても、問題を先送りするだけだ。在日クルド人たちは、出稼ぎで目先の金を稼ぐことに目がくらんで、自らの不幸、子供たちの不幸を、自ら作っている。

そして外国系の子供たちが今後日本で増える。その子供たちの教育をどうするか。日本の学校制度の中にどのように取り込んでいくか。日本全体の問題として進むべき方向を考えなければいけない。クルド人の子供たちの気の毒な姿は、この問題を考えるための参考になるだろう。これまでのように放置すれば、この失敗を繰り返し、適切に教育を受けていない気の毒な外国人の子供たちがまた増えることになる。

埼玉にクルド系テロ組織の影

◆トルコ政府、日本でテロ組織関係者が存在と公表

トルコ政府は二〇二三年十一月二十九日、テロ組織関係者として、国外在住の同国民六十二名、団体二十の資産凍結を行なったと発表した。そこでは埼玉県川口市にある「日本クルド文化協会」などクルド系二団体、そして在日クルド人六名が含まれている。

クルド系テロ組織の中心にいるのはＰＫＫ（クルド労働者党）だ。この組織は一九八〇年代から現在までテロ活動とトルコ政府との戦闘によって約四万人の死者を出した。マルクス・レーニン主義を掲げ、クルド人国家の分離独立を主張する。大半のクルド人もＰＫＫを嫌い、トルコの世論調査ではその鎮圧活動を国民の九割以上、クルド人も七割以上が常に支持する。そして麻薬売買などにも関与している。

そうしたテロ団体の関係者が日本にいる可能性がある。日本のクルド人らは、二三年三月のトルコ大地震の後で、数千万円とされる多額の援助資金を現地に送ったが、それについてトル

コ政府は問題視したようだ。在日クルド人によると、この寄付がどこに行ったかの詳細が現時点（二〇二四年十月）で客観的な証明書付きで明らかにされていないという。

コルクット・ギュンゲン駐日トルコ大使は二〇二四年一月に「日本でもＰＫＫ関連団体が活動していることはずっと以前から知っていたし、日本の当局にも情報を伝えてきた。私より、はるかに多くの情報を持っているはずだ」と述べた(1)。

日本クルド文化協会の関係者は「私たちはテロ支援もテロ活動もしていない。（中略）冤罪であり恣意的な資産凍結だと考えている」と表明した(2)。

日本のメディアは、この事実を産経新聞以外は大きく伝えなかった。国際テロ組織が日本で活動しているというのは、恐ろしい、そして大変なことだ。

トルコ政府は、クルド人を迫害しているのではなく、ＰＫＫを取り締まっていると強調する。その取り締まりに行き過ぎはあるかもしれないが、その主張はおおむね正しいだろう。

在日クルド人の一部はＰＫＫを支持している。ネウロズという新年の祭りをクルド人は行なう。コロナ禍の明けた二〇二三年三月に二年ぶりにさいたま市の秋ヶ瀬公園で行なった。ただし、これに参加しないクルド人は多いという。まだ在日クルド人の問題が顕在化していない時で、日本のメディアはそれを讃えて伝えた。

ところが、そこにはＰＫＫの赤字に赤い星という旗が飾られていた。またクルド人の間では

ＰＫＫ支持の意味のある、手でＶサインを作っていた。そこでＰＫＫを讃えたり、テロ行為でトルコ兵を殺害したことを讃えたりする歌が歌われ、それに合わせてクルド人と支援者の日本人が踊っていた。

日本人の大半は、クルド語もトルコ語も分からない。日本のテレビは、そうした問題のある歌と踊り、旗とは知らずに報道をした。父親がトルコ人、母親がクルド人の人が気づき、私に教えてくれた。その人は親族のクルド人が献金を拒否したためにＰＫＫに殺害され、この組織を憎んでいた。私が日本語とトルコ語で拡散し、トルコのメディアに伝えると、日本とトルコの両国で騒ぎになった。

◆来日クルド人歌手はテロ組織の幹部だった

在日クルド人は解体業で金を持ったためか、頻繁にクルド人歌手を日本に呼ぶようになった。自由にクルド人歌手が来日するという事実を見ても、トルコでクルド人が迫害されていないことが分かる。

二〇二四年に来日した女性歌手ＲＯＪＩＤＡは二〇一〇年にクルド人の祭りでテロ組織ＰＫＫを賛美する歌を歌い、懲役一年八カ月の判決が下され服役した。歌程度で禁固とは厳しすぎるように見える。しかし今、ＰＫＫがテロ活動をするトルコでは、その鎮圧のために厳しい取り締まりを社会が許容しているのだろう。

一七年にクルド人団体の招きで、来日してコンサートを行なったクルド人歌手フェルハト・トゥンチは、一二年にテロ関係者として有罪判決を受け服役した。一八年にも起訴され、今はドイツに逃亡している。トルコでの報道によると彼はＰＫＫの幹部で、国内外のコンサートでの移動でテロ資金や情報を運んでいたと、トルコ検察は起訴状で述べている。

これらクルド人の歌手たちの来日の意図は不明だ。こうしたクルド人の民族性を強調したコンサートは、彼らのアイデンティティを強化するイベントになっている。外国テロ組織が、文化交流の名目の下に、日本で活動することは許されない。そして活動の隠れ蓑になっている懸念がある。

在日クルド人の中には、ＰＫＫへの支持を公言する人がいる。

ネットテレビのチャンネル桜の二三年九月二十三日放送の「移民政策は日本を滅ぼす」というテレビ討論番組に、私は出演した。そこに日本クルド文化協会の幹部というクルド人もいた。私はＰＫＫと在日クルド人の関係を質問した。するとその人は「クルド人のために戦ってる、血を流してる人たちに、私たちはテロリストと言われるするべきはないんですよ。それを尊敬する」（表現そのまま）と述べていた。

◆日本政府はＰＫＫをテロ組織と認定

日本政府はＰＫＫについて、テロ組織と認定している。「国際テロリスト等財産凍結法」に基づき、ＰＫＫは国際連合安全保障理事会決議第千三百七十三号によりその財産の凍結等の措置を取るべきこととされている国際テロリストとして二〇一五年十月三十日に指定されており、現在に至るまでその指定が延長されている。

同法に基づきＰＫＫに対しては財産の凍結等の措置が行われる。また送金などが規制される。二二年の公安調査庁内外情勢の回顧と展望、またほぼ毎年の警察白書は、ＰＫＫをテロ組織として記述している。

日本政府はこれまでＰＫＫのテロ活動を批判し、「その活動を監視していく」（上川陽子外務大臣（当時）、衆議院外務委員会、二四年五月八日、松原仁議員（無所属）への答弁）としている。まだＰＫＫに対する摘発、関係者の検挙などは、まだ行われていない。しかし関係筋によれば、日本の警察、公安調査庁は、在日クルド人社会を監視している。

ＥＵ、アメリカ、イギリス、オーストラリア、ニュージーランド、カナダはＰＫＫをテロ組織として認定し、国内の活動を禁止。スウェーデン、ドイツではＰＫＫテロリストの逮捕例もある。しかし日本は外国のテロ組織を取り締まる法律がない。

ＰＫＫが日本で違法ではないと誤解が広がった。その理由は、二三年十一月初旬に「国際テロ要覧二〇二三年版」を公開した公安調査庁が、ＰＫＫに加え、ガザでテロ活動を行なっている「ハマス」、レバノンで暴れる「ヒズボラ」を削除し、ホームページでもそれらの記述を消したためだ。

私がこの削除をＳＮＳのＸ（旧ツイッター）で言及し、トルコのメディアに伝えた。在日クルド人問題のために私をフォローしているトルコの人々が騒ぎ出した。そしてトルコのメディアが報道した。トルコからの報道によると、同年十一月の気候変動サミットで岸田文雄首相（当時）と会談したトルコのエルドアン大統領が、日本政府に注意を促すまでの騒ぎになった。日本政府は会談でその事実はなかったとしている。

在トルコ日本大使館はＰＫＫをテロ組織と認定していると、ホームページに釈明を掲載した。公安調査庁を管轄する小泉龍司法務大臣（当時）は、記者会見、国会質疑で「明らかにおかしい」と釈明。同庁は十二月六日、「政府の立場について誤解を一部招いた」として、該当ページを作り直している。

私は四社ほどのトルコメディアの問い合わせに、下手な英語で答えた。日本政府のミスをなんで私が弁解しなければならないのか。

◆「お花畑」の日本、テロ組織に無防備

公安調査庁がこのような行動をした真意は不明だ。整理するために、国連決議でテロ組織を指定した上記とは別の国連決議を使って、テロ組織を分類し直して掲載したとしている。これはテロ組織の「指定外し」という大げさなものではないが、ＰＫＫやハマス、ヒズボラが暴れている現状で、その記述を消すのは愚かだ。明らかに同庁のミスで、その国際情報のセンスの無さに心配になる。

またトルコ政府がクルド人組織をテロ組織認定する前の二〇二三年十月に、埼玉県警と川口市、そして日本クルド文化協会は川口市内の夜の合同パトロールをした。県警幹部とトルコ政府がテロ関係者と認定したクルド人が一緒に写真に写っていた。これは私も、在日トルコ人も懸念していた。この団体がＰＫＫの旗を掲げて、ＰＫＫ支援の姿勢を示していたことは、過去の同組織の動きで明らかだったからだ。警察にＰＫＫへの警戒がなさすぎる。

欧州ではＰＫＫはクルド系移民に対して、互助組織のような役割を果たして、影響力を広げている。同じことが日本で起きかねない。日本は、防諜・カウンターテロ機関が頼りない。第二次世界大戦の敗北から国の力を弱め、それが今でも影響しているのかもしれない。そして取り締まりのための仕組み、法律がない。また国民やメディアにテロへの危機意識がない。

私がＰＫＫなら、この「お花畑」の日本ではテロなどしない。無邪気にクルド人を支援する日本人やメディアを利用し、頼りない警察や公安調査庁を騙して自由に活動し、たっぷり活動資金を稼ごうとするだろう。私たち日本人は知らずにテロの片棒を担ぐことになりかねない。当然、埼玉県民は、一部クルド人による治安の悪化だけではなく、ＰＫＫが動いていることにも不安を強めている。この現実を多くの人が知り、また日本政府の取り締まりが強化されることを期待している。

（1）「ＰＫＫ支援団体「日本側へ情報伝えていた」トルコ大使」（産経新聞、二〇二四年　月七日）

（2）「川口のクルド団体「テロ支援」トルコが資産凍結　地震で「四千万円」、団体側「冤罪だ」」（産経新聞、二〇二三年十二月五日）

クルド人の言い分を聞く

◆「悪いことをするのはトルコ人」？

二〇二四年初めにある在日クルド人が、私に話を聞いてほしいとSNSで連絡してきた。この人は来日二十年の三十代男性でケバブ店、解体業を経営している。日本語は少ししか読み書きできないが、聞くこと話すことは上手だ。そして合法の日本滞在資格がある。

私はクルド人に訴えられ、日本人の被害を聞きすぎたため、クルド人に厳しすぎる面があるかもしれない。別の視点を示すために、彼を含めクルド人の言い分を取り上げてみよう。この男性は次のように述べていた。

あなたの報道は、正しいところもあるが、一部しか伝えていない。クルド人は悪い人しかいないように思えてしまう。日本にいるクルド人の大半は、静かに、悪いことをせず、まじめに暮らしている。迷惑を受けた日本人には気の毒に思う。しかし、ごく少数の悪いクルド人のために、全員が悪いと思わないでほしい。

おかしなことをするクルド人に私たちが注意をすると反発して怒る。そのために大半のクルド人は怖くてなかなか注意を言えない。そうしたグループがいくつかあって、クルド人同士で仲が悪くなっている。

埼玉の人はみんなクルド人に怒っていると、あなたの記事を読むと思えてしまう。私はそうは思わない。私は店の周りを毎日掃除し、ごみを出していない。店でも家の近所でも、日本人と仲良くやっている。私には子供が三人いるが、日本人とも他の国の子供とも遊びに行ったり、私の家に来たりしている。

悪いことをしている外国人の中にはクルド人のふりをしているトルコ人も多い。埼玉県警は悪いクルド人、トルコ人をなかなか捕まえない。私たちが連絡をしても捕まえない。なぜなのか、とても不思議だ。

クルド人、トルコ人の若者が五十人ぐらい、違法改造車に乗っていた。私と何人かのクルド人がその再改造費用を出した。私の負担は五十万円ぐらいだ。今、改造車はほぼ無くなっている。

日本でＰＫＫの旗を立てるクルド人にはやめろと言っている。ＰＫＫは具体的活動をしていないと思う。

私は二十年も日本にいて、感覚が日本人に近付いている。日本人と仲良く、平和に、静かに生きていたい。私は納税も二つの会社できちんとやって、日本に貢献している。

クルド人の迫害や差別はトルコである。日本では静かに暮らせていたのに、この一年雰囲気がおかしくなった。私のケバブ店には、無言電話が何件もかかってくる。私は日本語が話せるのでテレビに出たため、顔が知られてしまった。隠し撮りされていることもあった。みんな監視されているようでイライラしている。クルド人の子供が大人に「出ていけ」と怒鳴りつけられたこともある。

私は従業員と家族のために、朝から晩まで働いている。悪いことなんてする暇がない。

悪いクルド人のことはよく知らない。

まともなクルド人が苦しむのは気の毒とは思うし、日本人が嫌がらせをすることはやめてほしい。しかし、この人物の発言にも虚実があるようで、地域の住民によると、そのケバブ店はごみ捨て、また駐車でトラブルを起こしている。また「良いことをするとクルド人、悪いことをするとトルコ人」と主張する論法は、真偽が確かめようないし、世界各国でクルド人が行なってトルコ人が怒っている。厳しい意見かもしれないが、問題行為を続ける人が居続ける限り、在日クルド人への日本人による批判は続くだろう。

◆「僕たち悪い人ではないですよ」？

在日クルド人の大半は、おそらく嘘をついて難民申請をしている。どうも、それを「悪いこと」と思っていないようなのだ。彼らには国家、社会という意識が乏しい。彼らは悪気なく、法を破っている。

クルド人の家族を助ける日本人と外国人のグループがある。その人たちが支援をしていた六人家族がいる。夫婦に女の子二人、男の子二人の子供がいる。下の男の子二人は日本に来てから生まれたいわゆる「アンカーベビー」の疑いがある。このグループが、この子供たちの学費、病気の息子、母親の治療費など二百五十万円の寄付キャンペーンを行なったが、六月までに集まったのは六十万円だった。

お金の集まりが低調だったのは私が一因だったかもしれない。この家族の来歴を見ると、二〇一一年の東日本大震災の時に放射能を恐れて、夫を残して家族がトルコに帰ったという記述があった。

「自由に帰国できるのに難民と言えるのか」

そう指摘した私のSNSのX（旧ツイッター）へのコメントは、笑いと共に拡散し、この募金活動は「ネット炎上」してしまった。

「ボクたちわるいじゃないですよ」

あるクルド人の解体工であるという匿名の男が、片言の日本語でメールを送ってきた。「僕たちは悪い人じゃないですよ」という意味のようだ。「なんで帰らないのか。難民申請をしているのか」と聞いたところ、「難民申請をしている。軍隊行きたくない。日本の方がいい生活できる」と、堂々とトルコの徴兵拒否という違法行為のために来日をしていると、返事をしてきた。

自由に帰国できることを公言して難民申請をし、日本人の支援を求める。クルド人の感覚はかなりおかしいが、その行動が社会常識や教育がなく、知識がないことによって生じているなら、気の毒な面がある。

◆「嘘をつきたくない」との声も

もちろん、自分が違法行為をやっている自覚をしている在日クルド人もいる。

「私は移民だ。日本に受け入れてほしい」

ある解体業のクルド人が、私にこのように話した。この人は金を出して、経営管理ビザ、通称「社長ビザ」を取ろうとしていた。しかし別の人によると偽造パスポートで滞在した過去があるらしい。そのため社長ビザは出なかった。

それの事実の真偽を聞き、罪に服し一旦帰国して日本への渡航禁止期間（罪によるが五年から十年）をがまんして、合法的にビザを申請したらどうかというと、この人は沈黙した。

在日クルド人団体が日本人弁護士を招いて、改正入管法の講習会を二四年春に開いた。在日クルド人百人ほどが集まった。その音声が流出した。その弁護士は、難民申請を繰り返して日本に居残る方法を紹介した上で、二〇二四年六月からの改正入管法でそれが難しくなることを説明していた。この弁護士は倫理的に問題のある行為をしているが、難民申請を繰り返す行為はこれまで説明した通り合法だ。

それに対するクルド人の二つの反応が興味深かった。一人は、「もう嘘をつきたくない。他に日本に滞在し続ける方法はないか」と聞いた。弁護士は見当たらないと言った。クルド人の中には自分たちの偽装難民という嘘を恥ずかしいと思う人がいるらしい。

別の一人のクルド人は演説を始めた。

「日本政府はクルド人の権利を侵害している。国際社会に、この問題を訴えよう。国連にみんなで署名をして請願しよう」

こんなことを話して、まばらな拍手があった。この人は自分たちが悪いことをしているという意識がない。また国連が、トルコで厄介者扱いされる南東部のクルド人のために、トルコと日本の内政に介入するわけがない。そして日本人、日本という国に対する感謝がない。このような二つの思考を持つ人が在日クルド人の中にいる。

そして悪人によくあることだが、自分の嘘を正しいと信じ込んでいる人が多い。毎日新聞は「デマ情報を信じないで」というタイトルのクルド人のインタビュー記事を掲載した(1)。その人は、自分たちはこれまで問題を起こさなかったのに、クルド人差別をする一部フリーライターが「ビジネスのため」ヘイトスピーチをしていると述べていた。

クルド人の迷惑行為は現実に起きていることで、このクルド人と毎日新聞記者の認識は異様だ。この人は、二四年二月に川口市で日本人のデモがあった時に「日本人死ね、日本人死ね、精神病院に行け」と喚く映像が撮影、拡散され、日本人から大変な批判を受けた人だ（本章で前述）。その後、そんなことは言っていないとわざわざ記者説明会で弁明をした。音声が残っているのに、平気で嘘をついている。

ビジネスのため報道している記者というのは、明らかに私のことを言っており、嘘で、中傷である。毎日新聞の広報室に「事実認識をどのように思っているのか」「私への嘘、中傷への説明をしてほしい」と求めたところ、「記事で中傷は行なっていません」という、短い、無礼な返事のみが返ってきた。

このような平気で嘘をつく行動も、クルド人の言い分には含まれる。彼らの説明を完全に信用し、受け止めることはできない。

◆被害者意識がゆがんだ認識を生む

クルド人側も少しだけ改善の動きを示した。批判が高まった二三年秋頃、クルド人による公園の清掃、自主パトロールを行い、報道陣に見せた。ただしクルド人の特徴として、熱しやすく冷めやすい。日本人による批判が強まる中で、こうした活動は二四年夏に入りほとんど行わなくなってしまった。

自分の非を決して認めず、平気で嘘をつく。そして他者に攻撃的で絶対に謝らない。こうした在日クルド人の自分勝手な態度は日本人には迷惑だろう。どこから来るのか。

これは、他国に離散したクルド人全般に見られるものらしい。世界に民族として離散（ディアスポラ）したクルド人に共通に観察されるのが、「被害者意識」「氏族意識」という指摘がある(2)。「自分たちが他の集団から攻撃され続ける」との感覚だ。トルコや、クルド人が問題を起こしている西欧諸国の報道でも伝えられている。また在日クルド人からも、そうした意識を私は感じた。国を持たない悲しさ、そして迫害されて異邦人の中で警戒して生きてきた彼らをとりまく状況が、そのような意識を生んでしまうのかもしれない。それが彼らの自己防衛の言い訳にもつながっている。

クルド人は、国、社会への意識をあまり持っていない。それを持った経験がないからだ。そして最初に考えるのが自分、家族、少し広がって氏族なのだろう。日本の法律や社会ルールを軽視しているのも、それが一因と思われる。また、そのために在日クルド人同士は大変仲が悪い。親しいのは主に近親者だけだ。氏族同士、また同じ氏族でも経営者の家族とそこで働かされている人々は仲が悪い。敵である日本人の私に対立氏族の犯罪を告げ口するクルド人もいる。他人と協力し合う考えがあまりないのだ。異国でギスギスした雰囲気のコミュニティに暮らす人々は不幸に見える。

クルド人は教育を受けず、自分たちの歴史、国際情勢を深く学んでいるわけではない。しかしあらゆる民族と同じように、彼らもその歴史、そして今の時代に影響を受けている。もちろんそれは気の毒な面があるが、外国の争いの歴史や自分勝手な態度を、日本に持ち込まれても困る。

外交官出身の作家、佐藤優氏は相手の論理の組み立て方を人と接する時に探り、その上で対処を考えるという。それを「内在的論理」という。彼はキリスト教神学の研究者出身で、それはキリスト教を異端や他宗教から守る護教のための神学の手法だそうだ。クルド人の内在的論理を、埼玉クルド人問題を考える際に、私たち日本人は知っていてもいい。だからといって、彼らの論理を日本人が受け入れる必要は全くない。

クルド人側は被害者意識、氏族意識を持ち、自分勝手という内在的論理に固執し、日本人とのトラブルの問題解決を自主的に、全体として行なう気配が見えない。それどころか日本人への憎しみを増やしている気配がある。そのために在日クルド人の自主的な取り組みに委ねて、この埼玉クルド人問題が解決する可能性はほぼない。

これまで、在日クルド人は嘘に基づいて日本に滞在し、好き勝手をやりすぎた。そのおかしさが埼玉県民の批判で明らかになり、もう続けられなくなっている。そして嘘による弁明を重ねてきた。「嘘つきのろうそくは日没（マグリブ）までしか明かりを灯さない」というトルコのことわざがあるそうだ。マグリブとは日没直後の礼拝時間を表すイスラム教の宗教語だ。嘘は必ずばれて、すぐに役立たなくなる意味という。あるトルコ人は、「難民と言ったり、自分たちは善人と言ったりした在日クルド人たちの嘘や弁解は、このことわざの通り、使えなくなってしまった」と話していた。

日本側が官民一体で違法行為をする一部クルド人を取り締まり、そして増やさないという対策に動かなければ、迷惑を受ける日本人、埼玉県民の苦しみは続き、問題は拡大する一方だ。

（1）「論点・ヘイトスピーチ解消法七年」（毎日新聞、二〇二四年七月二十八日）

（2）「離散の民、クルド人の実像――アイデンティティの衝突と被害者意識のすれ違い」（今井康平、中央公論二〇二四年八月号）

第五章

問題をこじらせる日本人たち

「悪意の天才と善意の馬鹿は、
あなたを同じところへ連れて行く」
——西欧のことわざ

知らないうちに移民開国——国の政策がおかしい

◆国は言っても動かない

埼玉クルド人問題は解決しないゆえに、さまざまな影響を広げ、直接関係のなかった人たちも呼び込んで広がり続けている。問題をこじらせるおかしな日本人たちの姿をこの章で描写してみよう。

クルド人問題についてひどい現実を見た私は行政を動かそうとした。一記者にすぎず力も金もないが、過去の取材の関係をたどって、国会議員、地方議員、専門家・審議会委員、中央官庁の高級官僚、有識者などにロビイング、つまり私的な説明活動をした。

珍しいこともあった。ある信頼できる筋を通じて警察の幹部から連絡が二〇二三年秋に来た。ただし幹部の名前と立場は分からない。フリージャーナリストに、このようなことがある例は少ないだろう。こんなメッセージだった。

外国人問題をめぐる石井さんの活動には敬意を表します。外国人犯罪を摘発し治安を守る志は同じです。粛々と取り締まりを続けます。ただし石井さんは、情報発信に細心の注意を払うか、しばらく発信を自粛された方がいいでしょう。

警察中枢に私の報道が届いていたのはうれしかった。しかし、このメッセージの意図は何か。危険を訴えたのは一般論か、それとも具体的なクルド人や関係者による私への具体的な暴力などの動きの情報をつかんだのかは、分からなかった。私は疑心暗鬼に陥った。

活動で、住民から生の声の届く、市、県議会レベルの政治家との関係ができた。今も協力している。自分の損得に関係なく、住民のために動く、地方政治家の方々に感銘を受けた。国会でも、浜田聡参議院議員に国会質問で私の不起訴処分になった脅迫事件を取り上げるなど、何人かの国会議員に話を聞いてもらった。

もちろん私の力ではないが、国会から地方自治体の議会まで政治家が動いた。議会質問で、埼玉県警、警察庁、検察庁を所管する法務省、交通や解体業を所管する国土交通省からクルド人問題に「適切に対応する」という趣旨の答弁が出た。国際テロ組織のＰＫＫには国会の審議で日本政府がテロ組織とし警戒していることを再確認した（第四章参照）。

埼玉県川口市が地元の日本維新の会の高橋英明衆議院議員は二四年二月に同予算委員会で、

クルド人の民族名はあげなかったものの、住民とのトラブルが一部外国人によって発生していることを指摘。「国会や霞ヶ関にいては危機感がない。川口はここから一時間くらいのところだ。目で見て耳で聞いて肌で感じてほしい」と述べ、政府の対応を求めた。岸田文雄首相（当時）から「共生社会は、あくまでもルールを守って生活していくことが大前提だと認識している」との答弁を引き出した。

ようやく政府が問題を認識し、埼玉県民、川口市民の声も届いた。地域の警察のパトロールは増え、駅前でのクルド人のたむろは少し減った。

ただし本書を執筆中の二四年十月時点で「問題は少し改善された」という県民の声が一部にある一方で、「あまり変わらない」という声が大半だ。埼玉クルド人問題の住民の不安も不満も解消されない。私のロビイングは、あまり効果がなかったわけだ。

私の説明に関係者たちは「その通りです」「対策が必要です」との返事を必ずした。メディアが報道しないので、埼玉でのクルド人問題を知らずに驚く人もいた。政治家の中には「党で議論にします」と言う人もいた。ところがそこから先に進まない。政治の現場では移民問題、それに伴う治安問題について、大きな議論が起きていない。

社会問題について、関係者の誰もが賛成するのに問題が解決しない。実は私は同じ経験をしたことがある。私は経済・エネルギー問題を専門にする記者だ。二〇一一年の東日本大震災、またそれによる東京電力の福島第一原発事故で、エネルギー政策、原子力政策は大混乱した。それを収めようと学者グループと一緒にロビイングを重ねた。

問題を聞く政治家は「その通り」と同意する。官庁の役人は「適切にやっています」「その方向で動いています」と返事する。ところが政策も現実も全然動かない。その混乱は二〇二四年になっても続いている。前向きの政策や、評価される事柄の場合は、政治家も役人も関係者も「私がやった」と手柄を競う。しかし逆の場合は、関係者はみんな口だけで逃亡する。これが埼玉クルド人問題でも繰り返されている。埼玉県民の悲鳴を聞いている私には、この責任者たちの逃亡に、虚しさ、悲しさを感じる。

◆「見て見ぬふり」をする疑惑

私は大学で経済学を専攻したが、そこで「経路依存性」という現象を学んだ。過去の決定や事象の集積が、現在の選択に影響を与えてしまうことだ。一つの方向に動き出すと、その集積のために修正できないという意味にも使われる。それに加えて、かつて文明批評家の山本七平氏が指摘したように、日本はその場を支配する「空気」が、合理性はなくても、そこでの意思決定を支配する傾向がある。その経路依存性が強くなりがちな社会だ(1)。

日本には、移民・外国人労働者を入れようという、これまでの決定の集積がある。二〇一八年に日本政府は単純労働者を受け入れる事実上の移民解禁政策を決定し、入管法など関係法規の改正に動いた。政府は「移民政策を取る考えはない」（岸田文雄首相（当時）国会答弁、二〇二四年五月二十四日参議院）としている。しかし二〇二四年六月には入管法は再改正され、岸田文雄政権の下で外国人労働者について規制緩和が行われ、外国人労働者を増やそうとしている。

そして最近、それに合わせて日本国内で以前からあった「外国人に優しくしよう」という空気が、行政やメディアなど、社会の一部でより強まっているように思える。その流れと空気によって、クルド人問題に関係者が向き合うことをためらわせているのかのようだ。しかし、この「空気」は国民の意見の大勢とは違うと感じる。閉ざされた日本の政治空間、言論空間のみの空気に思える。

在日クルド人は「移民問題」でも、「難民問題」でもない。不法入国した外国人と外国テロ組織の取り締まりと管理に日本政府が失敗したという問題である。わずか数千人のクルド人に埼玉県が混乱をしている。クルド人問題の徹底的な対策を行なうことは、日本の外国人政策の失敗を、政府が認めることを意味する。そうすると日本がこれから移民拡大を行なったら、社会の混乱が日本中に広がることが分かってしまう。

また、すでに日本に流入したさまざまな外国人の集団が、問題を起こし続けている。なぜ取り締まらないのかという批判が高まるはずだ。そのために移民政策を推進してきた人は埼玉クルド人問題を「見て見ぬふり」をしているのかと疑ってしまう。

◆問題を深刻に受け止めない経済界

安い労働力として外国人がほしい。これは経済界からの要請だ。しかし主張する経済人たちはクルド人問題でその兆しが見られる多くの弊害を、深刻に受け止めていない。

経団連の十倉雅和会長（住友化学会長）、経済同友会の新浪剛史代表幹事（サントリーホールディングス社長）、日本商工会議所の小林健会頭（三菱商事元会長）の経済三団体トップは二〇二四年初頭に、メディアのインタビューに応じた。そこで外国人労働者の受け入れの見解を述べた。政府が進めるこの分野の制度改革は「前進だ」とおおむね評価した。

ところが外国人受け入れに伴う治安悪化などの「社会的コスト」については、認識の甘さを示した。新浪氏のみが「欧州で移民を単なる人手として便利に使ったら、国民との対立構造を生み、社会不安を招いた。同じ轍を踏んではならない。どういう外国人に来てもらいたいのか定義していかなければならない」と話した。

一方で十倉氏は埼玉クルド人問題を知らなかったようで、「やって来るのは「労働者」ではなく子供を連れた「家族」。彼らがきちんと日本で暮らせる環境整備が大事だ」などと奇妙な返事をした。小林氏は「日本ほど安心安全な国はない。外国人と日本人が地域社会でどう折り合いをつけていくかが求められる」と、当たり前の答えしか言えなかった。

十倉氏も、小林氏も企業経営者なのに、社会問題への感度が鈍すぎる。東京のオフィスビルの奥にいると、現実世界の問題に気づかないのだろう。この程度の認識の人々が政策提言をすること、企業経営をしていることに、日本の劣化を感じる。

企業活動の現場では少子高齢化の中での労働力の不足が重要な問題だ。それを外国人の手によって補おうというのは安易だと思うが、理解はできる。しかし、その負の側面の対応準備が日本で行われていない中で実行することは、大変危険だ。

日本の在留外国人数は二〇二三年末時点で三百七万五千二百十三人となり、前年末から十一パーセント増加した。その数では世界で四位から五位程度で、日本は日本人の知らないうちに、世界有数の移民大国になった。

これまで外国人を「先進国」日本が教育するために働かせる「技能実習」という名の下に、肉体労働を中心に、外国人を安い賃金で働かせていた。これは明らかな虚偽だ。一九年に導入された「特定技能制度」では飲食などの十四業種で、労働者が働けるようになった。二四年六月末時点で二十二万人になっている。この呼び入れた労働者はベトナム人が多い。それに連動して、ベトナム人の犯罪が全国で増えている。

さらに二四年の入管法改正では、「技能実習」という名前を変え「育成制度」という仕組みにした。定住と本国の家族の呼び寄せも認めた。外国人を安い賃金で働かせていた「実習」という虚偽を、現実に合わせたわけだ。建設業は、この規制緩和で対象になる。

この育成制度での、外国人労働者の受け入れは、二四年度から五年間の受け入れ見込み人数を八十二万人としている。その人々が家族を呼び寄せたら数百万人の外国人が増える。これだけの外国人を入れたら、日本社会は治安や生活で大きな影響を受ける。

この移民受け入れ政策は大変な問題なのに、政府はその是非を国民に問うていない。国民が知らないうちに国が外国人労働者を入れる。これは西欧諸国でこの二十年起きたことと全く同じだ。もちろん良き外国人が隣人なら日本人のためにもなる。しかし一部のクルド人のような問題のある人々が隣人になるかもしれない。

◆八十年前の外国人政策の失敗が今に影響か?

気づいたことがある。日本の外国人管理の仕組みは諸外国に比べて曖昧さを意図的に残している。

西欧は移民を増やしてしまったが、不法滞在の外国人に制度の上では対応が厳しい。他国は難民認定、不法移民の認定を裁判所が行ない、速やかに強制送還させる仕組みができている。ところが日本の場合には不法滞在者に裁判所が大きく関与せず、行政の裁量が多い。そして強制送還の権限は法務大臣が持つ。大臣決裁にしていることで、なかなか発動されない面がある。

これは私の推測の面があるが、過去のしがらみが影響しているように思う。日本には第二次世界大戦の敗戦後、在日朝鮮・韓国人など旧統治下の人々が残った。そして朝鮮戦争、中国の国共内戦が発生し、彼らを国に送り返せなくなってしまった。

在日朝鮮・韓国人は政治的に権利を求め、本国への送還を嫌がり、残留を主張した。その要求に押されて、日本側も不法滞在の外国人を速やかに送還できないようにし、あいまいな制度を作ってしまったと私は推測している。政治的に面倒な問題であったためだ。

日本では戦争直後から現在まで、外国人によるトラブルが発生してきた。進駐軍、一時占領下に置かれた沖縄での米兵の犯罪、在日韓国人・朝鮮人、工場労働者として来日した日系人などによる治安の問題があった。

ところがクルド人問題をきっかけにして私が過去の先例を調べると、こうした外国人の犯罪について、はっきりした記録がない。人権への配慮のためか、メディアも行政も伝えない。記録も少ない。「臭いものに蓋」の隠蔽の心情、そして人権への配慮などのさまざまな思惑で、記録をしないらしい。

私たちは過去の八十年前からの外国人管理政策の失敗を繰り返してしまっているのかもしれない。前述の言葉を使うと、「経路依存性」がここでも起きている。

大きな国策が、過去の政策の集積も重なって「外国人労働者受け入れ拡大」の方向に動いている。その中で、埼玉クルド人問題は解決に向けて、責任ある関係者が、手を出しづらくなっているのかと疑ってしまう。

（1）『空気の研究』山本七平（文春文庫）
（2）「財界トップスリーは川口の現状をどう考えているか　外国人受け入れ、十倉・新浪・小林三氏に聞く」（産経新聞、二〇二四年一月十日）

動かない、動けない現場の行政

◆騒音がなぜとまらない?

クルド人問題に対する日本政府の頼りなさを述べたが、地方自治体が問題に動かない、動けないことも問題を悪化させている。一例として騒音問題を取り上げよう。

川口市の赤芝新田にクルド人解体業者のヤード（資材置場）が集まり問題を起こしている。そこで、騒音問題も発生している（第一章）。

この問題について、二〇二四年六月の川口市議会で、松浦洋之議員が質問した。二二年七月に施行された「川口市資材置場の設置等の規制に関する条例」の上乗せ改定を求めた。

条例の中に禁止事項を加え、違反があった場合には資材置場の使用禁止命令を出すとか厳しい対応をしなければ、このような事案が今後さらに増えてくるのではないかと想像できます。

迷惑をしている市民がいます。資材置場やその周辺での騒音、振動、粉じん、トラックの危険運転に悩む市民が安全に安心して暮らせるために、資材置場条例の改正や新たに市独自の条例の制定を望みます。

正論だろう。

川口市環境部長の答弁は、改正を明言せず、次のように答えた。

「関係法令及び埼玉県生活環境保全条例に基づき、啓発・指導等を実施しているところでございます」

ところが市による「啓発・指導等」は効果をあげていない。赤芝新田地区の住民は、この審議の後の同年八月に、川口市議会に陳情書を提出した。

「これまでの立ち入り調査は、市職員の勤務時間に合わせた調査のため、早朝の積み下ろし、夜間作業については、勤務時間中でないため、行政は調査把握できていない」と書いてある。

取材をすると、日中に市役所職員が訪問し、トルコ語で注意事項を書いた紙を渡す行為だけが「指導」の実情のようだ。また今は音量、振動を数値で二十四時間、機器で自動測定できるのに、やっていないという。つまり客観的指標で市役所は騒音被害を把握していない。

◆隙間だらけの規制制度、悪意の違反者に対応できず

騒音や振動問題を解決する制度上の仕組みはある。環境基本法では、地方公共団体は地域の環境を整備する義務がある。それに基づき騒音規制法があり、地方公共団体は小学校、老人ホーム、住宅地などでは「指定地域」として定め騒音を防止する義務を負う。そして埼玉県は生活環境保全条例を定めている。そこでは指定地域内で、騒音を出す事業者に対して基準を設け、計画を出させ、指導をすることができる。

赤芝新田地区は一部が指定地域になっているだけだ。また抜け穴がある。県条例は百五十平方メートル以上の事業所という規定がある。クルド人は、行政書士あたりの入れ知恵か、合同で借りたヤードを細かく分けて、「小さな場所だから対象外」と主張し、操業しているらしい。騒音規制法の罰則は、一年以下の懲役または十万円以下の罰金に処せられる軽いもので、クルド人は無視しているようだ。

川口市は「川口市資材置場の設置等の規制に関する条例」を制定し、二二年七月から施行した。ところが、これは新たに設置するヤードを規制する条例だ。五百平方メートル以上のヤードを対象にする。外国人はヤードを川口市内で作らなくなったが、埼玉県の別の地域に作り始めている。

県、市の条例は、既存のヤードの操業を取り消すことができるほどの強い内容でも、また個別の騒音を規制する細かい内容を定めたものでもない。抜け穴だらけだったのだ。

経済記者として、ある問題が社会的に大きくなった場合に、行政や警察、検察が世論の支持を背景に、法律をかなり強引な解釈をして、問題行為をした人を、「ひっかける」事例を、何度も見てきた。例えば、一九九〇年代の不良債権処理では、不動産会社が、借金を踏み倒し公的資金が投入された場合には、経営陣はさまざまな罪状で逮捕された。しかし赤芝新田の騒音問題では住民のために、こうした想定外の方法で取り締まる行為を市役所、埼玉県庁、警察が行なう気配はない。

川口市、そして埼玉県の役人は何もしなくとも責任を取らされることはない。一方で地域の納税者が騒音に苦しみ続ける現在の状況が起きている。

◆テロ組織の活動を容認？　埼玉県の異様な行為

行政の不作為の別の例を示してみよう。在日クルド人が国際テロ組織ＰＫＫ（クルド労働者党）を支援している可能性があり、トルコ政府によってクルド人団体、そして一部クルド人が資産凍結措置を受けたことは述べた（第四章）。

その団体が主催するクルド人の祭り、ネウロズは県立秋ヶ瀬公園（さいたま市）で二〇二四年三月に行われた。この公園は埼玉県公園協会が管理している。また同団体の主催するクルド人歌手のコンサートが同年六月、県営施設の埼玉会館（さいたま市）で行われた。ここは埼玉県芸術文化振興財団が管理している。いずれも埼玉県の下にある公益財団法人だ。

私はネウロズの前、コンサートの前に、両団体に連絡した。埼玉県公園協会には、これまでのネウロズでクルド人団体がＰＫＫの旗を掲げ、ＰＫＫ賛美の歌が歌われたことを指摘した。また埼玉県芸術文化振興財団に、さいたま会館で過去にそして六月にコンサートをするクルド人女性歌手はＰＫＫ関係者として逮捕されていたというトルコ語の記事を翻訳と一緒に送った。同様の懸念を多くの日本人が示した。これは外国人排斥などの政治的な主張ではなく、テロ組織の活動を止めるという考えに基づくものだろう。

ところが、これらの財団は、祭り、コンサートの開催を認めてしまった。事後的に理由を取材させてほしいと申し込んだが、拒否された。これは埼玉県がＰＫＫの活動を容認していると受け止められかねない。実際にトルコのＳＮＳやメディアでは、日本政府がＰＫＫに甘い対応をしていることの証拠にされている。

大野元裕埼玉県知事は中東問題の研究者で、外交官、国民民主党の参議院議員を務めたことがあり、クルド人の問題、各国で発生しているトラブルは当然、知っているだろう。リベラル系の政治的立場だが、この問題で動かない。埼玉県民がテロ組織の影におびえているのに、人権や外国人への配慮、そして批判を恐れて、日本の公務員が外国人の異様な行動を認めている。

◆日本の法律・制度は外国人犯罪に対応せず

こうした不作為が、他の問題でも起きている。私への脅迫事件を不起訴にしたさいたま地検、クルド人の犯罪を刑事事件として受理しない埼玉県警などの話はこれまで紹介した。

各行政機関は、手間がかかる外国人問題に取り組みたがらない。ようやく二〇二四年の国会で、埼玉クルド人問題が質問された。これまで黙殺されていた問題が、国会で議論されるようになったことは、小さな一歩だ。しかし国の官僚たちは制度や根拠法を説明し「適切に運営されている」と繰り返し、具体論について「個別事案はお答えできない」と返事をした。中央官庁や地方公共団体の役人の読む書面と、埼玉県民の直面する現実はかなり乖離がある。現場では、騒音の例、テロ組織の例を見ても分かる通り、適切に対応が行われていない。

そして制度も法律も限界がある。国の刑事関係の法律と政策はどれもそうかもしれないが、「性善説」で作られている。良い人がたまたま悪いことをした。罰を受ければ、おとなしく罪に服し、改悛する。その結果、悪いことをしなくなるとの発想が貫かれている。これは日本人相手だけなら成り立つかもしれない。そして記者をして見てきたが、日本の行政は、どの法律でもとても小さい権限しか与えられていない。権力抑止の効果はあるが、問題解決がなかなかできない弊害も多い。埼玉クルド人問題でも、それを感じてしまう。

クルド人や外国人には、最初からルールを守る意思のない、また善悪の規範が違いルールを学ばないので違法行為をしているかどうか知らない人がいる。性善説で接しても無意味だ。クルド人の大半は偽難民と疑われるので、トルコに帰って法適用から逃げる選択肢を常に持っている。悪意の外国人に、現在の法律は対応しづらい。

行政官や埼玉県警の警察官に会うごとに、私は焦燥に駆られながら、埼玉クルド人問題が「なんで解決しないのか」と繰り返し聞いた。彼らは言質を取られることを警戒しながら「できない理由」を述べた。そうした理屈は困っている埼玉県民にはなんの役にも立たない。そして「それを直すための責任者は誰だ」と聞くと、はっきりしない。

行政官たちは、積極的に動かず、穴だらけの法律・制度を放置し続けている。政治の動きは鈍い。そしてこれは他の外国人に対してもそうである可能性が高い。埼玉県以外の他地域で外国人問題が起きても、同じ状況になりそうだ。そうだとしたら外国人を入れるべきではないのに、現場の行政機関は在日クルド人や外国人の問題を放置するという選択をしている。被害を受けるのは住民だ。

活動家と利権による混乱

◆クルド人批判デモ、埼玉の雰囲気が険悪に

「クルド人出て行け」――。

こんなデモが二〇二三年秋から、埼玉県南部で起きるようになっている。市外から来た、いくつかの保守、愛国派を自称する人たちによるものだ。参加者は多くて十人程度で、現地の埼玉県民はほとんどいない。

ところが、これに反対する団体が「カウンター」（反撃）と称して騒ぐ。メディアは、数人のデモの写真をアップして取り上げ「クルド人へイトが行われている」とおおげさに報道する。

こうした騒ぎは、「県民の生活を守る」という埼玉クルド人問題で最初に考えるべきことを、ぼやかしてしまう。デモ参加者、カウンター、メディア全てにやめるように求めたい。現地の人々にはこうした騒ぎは迷惑だ。

こうしたデモは参加者、カウンター勢双方が映像を公開している。興奮すると「クルド人出

ていけ」「犯罪者め」など暴言も出る。反対者も暴力的だ。取り囲んで威嚇する。カウンター勢には暴力的な極左政治団体に属している人もいる。彼らは双方が関東圏のあちこちで同じような騒乱と対立を繰り返している。それを川口に持ち込んだ。双方を市民が批判している。それに気が付かない愚かな人々だ。

そして数百人の埼玉県警の警察官がデモ隊を守り、反対者との間を遮断している。衝突を避けるためだろうが、クルド人犯罪の摘発よりも熱心に取り組んでいるようで奇妙だ。愚かなことに、在日クルド人は反対者と一緒に騒いでいる（第四章）。

また埼玉県南部で、外国人犯罪に対応する自警団を作ろうという声が上がり、夜に実際にパトロールをしている団体がある。また悪いと認定した人間を私人逮捕するユーチューバーも徘徊するようになった。埼玉県警は頼りないが、私人による治安維持活動は外国人とのトラブルを起こしかねない。私は機会あるごとにやめるように呼びかけているが、増える一方だ。警察力の行使の不徹底は、このような信頼の崩壊、さらなる地域社会の不安を広げている。

◆「愛国者」たちの奇妙な気負い

外国人が日本で暴れる行為は、当然、日本人の愛国心や不快感を刺激する。私も、クルド人問題に取り組んだきっかけの一つは、自分の日本を愛する感情からだ。

しかし、それがクルド人への威嚇や暴力につながり始めた懸念がある。二三年七月のある日、クルド人と結婚する日本人妻と、その小さい子供が川口市内を歩いていた。いきなり初老の男性が他に誰もいない路上で、「お前らは悪いことをするクルド人か。日本から出ていけ」と、怒鳴りつけ、去っていったという。二人はびっくりし、子供は泣き出してしまった。子供は差別された経験がなく、そのショックからなかなか回復しないそうだ。弱い女性や子供を狙うのは卑怯だ。

一部のクルド人が問題行為をしている。だからと言って、「クルド人」という属性に対して、攻撃をするのはおかしい。そして人種差別は日本社会を腐らせる。埼玉クルド人問題を最初に取り上げた一人として、私はこの問題を暴力や恐怖によって解決するべきではないと考える。クルド人は、わざわざ金と良い生活のために難民の嘘をついてまで日本に来た。恐怖だけでは日本での生活をなかなか手放さないだろう。そして暴力と恐怖が見え隠れする社会は、病んでいくはずだ。

埼玉県南部でクルド人への抗議デモをする保守系団体の人三人ほどと、話す機会があった。

怒る心情は理解できる。けれども激しい抗議は対立を先鋭化させる。冷静にできないか。

すると、彼らは以下の趣旨のことをそろって言った。

立ち上がらなければならない。日本人の意志を見せつけなければならない。

話は平行線で終わった。

幕末の政治家、勝海舟（一八二三～一八九九）は「忠義の輩《やから》というのが国を滅ぼすのさ」と『海舟座談』（岩波文庫）という本で述べた。自分が正しいと思い込み行動するが、その結果への配慮がなく、社会の混乱を生む独善的な思考を持つ人たちに、勝は明治維新の際に何度も悩まされたのだろう。その言葉を私はこの「愛国者」たちと話をしながら思い出した。彼らは問題を解決することに関心がなさそうだ。それより「正義を体現する自分は素晴らしい」という独りよがりの自己愛のために活動しているように思える。

◆クルド人擁護で儲ける人たち

またクルド人を擁護する人たちも、奇妙な行動をする。日本弁護士会は、二〇二四年八月に「クルド人に対するヘイトスピーチ問題を考える緊急集会」を開催。クルド人をめぐって「ヘイトスピーチが行われている」と支援者を集めて主張した。繰り返すように、多くの埼玉県民はそのようなことをやっていないし、あったとしてもわずかだ。

これは人権派弁護士による、ビジネスの創出に見えてしまう。クルド人をめぐり名誉毀損関連の訴訟を次々と起こして、それを収入源とする意向の表れのように見えてしまう。被害を訴える、もしくは報道しただけで、訴訟で狙い打ちされる人が出てくるかもしれない。私がその状況だ。

訴訟が乱発されると、クルド人問題は沈静化するどころか、混乱が広がる。余計に批判の声は大きくなるだろうし、クルド人たちはそれでますます住みづらくなる。クルド人による問題行為そのものは是正されず、日本人への人権侵害はそのままだ。得をするのは報酬を得る弁護士だけで、その他の関係者は誰もが損をする。

あるクルド人によると、日本人弁護士らが、クルド人の経営層を回って、ネットで探した発言などを示して「この人物を訴えないか」などと営業活動をしているという。名前は出さないことにする。仮に事実としたら、これは紛争を煽る行為だ。弁護士法五十六条一項により、弁護士は「品位を失うべき非行」はしてはいけないと定められている。倫理的に許されず、懲戒の対象になりかねない。

その他、埼玉県には、クルド人問題を多く扱う司法書士、行政書士、税理士などの士業が多数いる。日本語も分からないクルド人たちが法の隙間をついて行動できるのは、こうした人たちの支援のためだ。お金の絡む人たちが、クルド人を熱心に擁護する。

さらにこの問題で、政治的利益を得ようという人々がいる。日本共産党、れいわ新選組などの左派政党が、クルド人の陳情を受け付けている。別地域で活動する政治団体は「埼玉でヘイトスピーチ禁止条例を」と活動を始めた。

自分の利益のために、クルド人を擁護し続ける人たちが、埼玉でうごめいている。

◆人権派の奇妙な暴走

また日本人の中にはクルド人を守ることが正しいと思い込んでいる人がいる。埼玉県南部には外国人が集住するために、外国人支援団体が数多くある。ところがクルド人支援をする人は減り、残った人は「変な人、迷惑な人扱い」（川口市民）されている。

今でもクルド人支援を続ける人と、私は意見交換をした。

あなたの行動は、埼玉県民への迷惑になっていないか。

この問いに、その人は次のような返事をした。

悪いことをするのは一部のクルド人。気づいたら、クルド人に直すように言っている。私に責任はない。

この種の返事は、こうした社会問題の支援者から必ず出てくる。この人は前述の士業たちのように金ではなく善意で動いている人だ。しかし自分が正しいと思い込んでいる行為が、どのような結果をもたらすかを、全く考えていない。しかし、この人は、日本のさまざまな人権団体の支援を受け、またメディアが賛美してこの人を取り上げ続けるために、この問題で存在感がある。

クルド人の問題を指摘する人を、「差別だ」などとネットで攻撃的する人がいる。特に私は標的になっている。こうした人たちに、「私の報道のどこがデマなのか」と質問をしたことがある。適切な返事が返ってきたことはない。朝から晩まで、私をネット上で匿名で攻撃し続ける人がいた。素性を知る人が連絡してきた。埼玉のさまざまな政治団体に属してはトラブルを起こして追い出されることを繰り返している六十代の無職の男性らしい。もう少し建設的なことにエネルギーを割けないのだろうか。
右派の前述した「忠義の輩」と、こうした左の人権派の人たちは、方向は違うが、雰囲気と思考とその姿はよく似ている。

◆問題に見え隠れする日本の政治家たち

そしてクルド人問題では、政治の影が見え隠れする。在日韓国人の政治活動家がいる。今では全く相手されていない。その人が二〇一一年とやや古いが、移民をテーマにしたシンポジウムで次のように発言していた。

私はクルド難民の人たちを助けてもらいたくて政治家と交渉しました。動いてくれなかった。最後にやったのは政治家のパーティー券を百万単位で買ったことです。あの時に私は自分のクルドの友達を金で買うと思いました。金でもいいから買おうと思いました。二百万のパーティー券で救えたのは二人です。金がないと救えません。

つまり彼女は外国人なのに日本の内政に干渉し、国会議員への二百万円の献金でクルド人難民を認めさせたとしている。これは目的を持った献金なので、贈収賄の疑いがある。この議員の名前は公表していない。

この人の発言は常に支離滅裂だ。裁判所の認定で難民と認められたクルド人は二〇年に一人だけだ。彼女の言う「救った」の意味は分からない。しかし外国人の政治活動家がクルド人をめぐる問題でおかしなことをし、それと協力した国会議員がいるようだ。

在日クルド人の中には、PKK支援者や政治好きな人がいる。クルド人は、立憲民主党や日本共産党の国会議員、地方議員と面会する。自民党議員の中にも、支援者がいる。ただしクルド人には気の毒だが、力のありそうな政治家はいない。工作が下手だ。しかし会えるのは、献金でもしているのだろうか。

クルド人は頻繁にSNSに政治家と面会した写真を出している。ところが二三年からのクルド人への批判の高まりで、多くの議員はクルド人との関係を公表せず、会合にも出なくなった。在日クルド人は敵対するクルド人の悪口を、私に告げ口する。その中で、こんなものがあった。

××（名前）は日本の政治家に賄賂を渡していると公言している。一緒に撮影した写真をSNSに出し、事務所に飾っている。

その名指しされたクルド人社長たちに、私は聞いた。「そんなことはない」と否定していた。このように金を持ち始めた在日クルド人たちの周りに、日本の政治家の影が見える。

二四年一月に大野元裕埼玉県知事は、前述の「フェラーリ難民」（第四章）に感謝状を手渡した。県が運営する地域の福祉活動などに使う「シラコバト長寿社会福祉基金」に、この人が実質経営する会社が百万円を寄付したことに対してのものだ。

埼玉県は寄付した人や法人に感謝状を出すルールという。この難民は早速、事務所に賞状を飾っていた。もちろんこのクルド人男性の献金には感謝するが、不法滞在の状況を変えるために大野知事が支援しているかのように錯覚させようとする意図があるのかと勘繰ってしまう。そして知事、埼玉県の影響を配慮しない行動にも呆れる。

クルド人の周辺には、政治活動家や利害関係者によるおかしな動きが広がる。取り締まりを行わないことから派生した現象だ。埼玉クルド人問題を早急に解決しない限り、この混乱は広がって、問題解決は一段と難しくなるだろう。こういう怪しい人たちが、問題を混乱させていく。埼玉クルド人問題で最初に考えるべきは「住民の生活に平穏を取り戻すこと」だ。彼らの政治的主張、金銭的利害などは、考える必要がない。

そして「李下に冠をたださず」（李《すもも》の木の下で、冠を直してはいけない。泥棒に間違えられるから）と古語に言う。外国人との関係で政治家も役人も疑いを持たれてはいけないはずだ。

ゆがんだ報道が問題を悪化させる

◆「事実が報道されない」埼玉県民のメディア不信

埼玉クルド人問題を悪化させている理由の一つがメディアの動きだ。現実をゆがめて伝えている。私は埼玉新聞と、東京にある五大全国紙、通信社二つ、テレビの東京キー局の「クルド」「トルコ」という単語の出る記事を集めている。本書の一章、二章で紹介した重要事件の報道状況は、私の調べた限り次のようなものだ。

▼埼玉クルド人問題を私は二〇二三年五月から伝え始めた。それまで「クルド人」の問題行為の記事はなし。それどころか当時、クルド人は入管法改正問題で「日本政府に人権を侵害された被害者」という扱いをしていた。

▼二三年六月に川口市議会が、クルド人を念頭に置いた「一部外国人による犯罪の取り締まり強化を求める意見書」を可決した。事後的に大きく取り上げたのは産経新聞のみ。メディ

アはその後、長文記事の中で触れた会社が数社のみ。
▼二三年七月にクルド人が殺し合い、川口市立医療センター前に集まり騒乱を起こした。直後に「クルド人によるもの」と報じたのは私のみ。一応事件を短く各メディアは報じたが当初は「トルコ国籍」だった。
▼二三年九月にクルド人解体工が、私を殺害予告して逮捕される。そして十一月に不起訴になる。報じたのは産経新聞のみ。
▼二三年十一月にトルコ政府が、日本にあるクルド人団体二つ、在日クルド人六人をテロ組織関係者として資産凍結措置をした。報じたのは産経とテレビ一局のみ。
▼二四年三月にクルド人による、女子中学生への性的暴行事件が起きた。産経以外は二紙しか報じなかった。報道した二紙も「トルコ国籍」との表記だった。逮捕されたのは「クルド人二世」であることなど詳しい背景を報じたのは私と産経のみ。
▼クルド人ら十一人が今年三月に、石井孝明を名誉毀損で訴えた訴訟は全メディアが詳細に伝える。クルド人側の「差別された」「子供がいじめられる」というコメントをそのまま掲載し、私が悪いことをしているかのように報じた。
▼在日クルド人の大半は虚偽の難民申請をしている可能性が高い。ところがメディアはいまだに「トルコに迫害を受けて、難民申請をしている」という表現を続けている。雑誌メディ

アも、なぜかクルド人問題はクルド人をかばう文章が多い。

このように埼玉クルド人問題では、産経新聞以外のメディアの報道がおかしい。クルド人報道で、私は埼玉県民から大量の情報提供を受けるようになった。また街を歩き、おそらくこの一年半で二百人以上の埼玉県民と、クルド人問題について、対面で話し合い、ネットでやり取りしている。警察、行政、政治への不信に加えて、メディアへの批判も高まっている。

クルド人、外国人をめぐる情報を、県も警察もメディアも伝えません。みんな仲良くやっていると嘘ばかり。性犯罪の報道、広報がないのは不安です。娘も幼いので引っ越そうと考えています。【三十代女性】

ヘイトなんて川口にありません。それなのに報道はヘイトがあったと繰り返す。クルド人や外国人に迷惑を受けている私たち埼玉県民の声を、報道してほしいです。自粛でしょうか、もしくは変な力が加わるのでしょうか。常識があれば、外国人問題の現状をおかしいと報道するはずです。【二十代男性】

仕事は書店員です。石井さんが寄稿した雑誌は埼玉で売れていますし、最近、クルド人問題を取り上げる産経新聞の話をする人が多く、買われているようです。商売にもならないクルド人擁護をなんでするのか。日本のメディアが不思議です。【四十代男性】

埼玉県では、メディアについてこんな批判ばかりが聞こえる。そして本当に埼玉県民の誰もが、外国人に対する差別意識を持たない。メディアが「ヘイトがある」と、繰り返して嘘情報を流すのか不思議だ。

◆デマが作ったクルド人問題？　朝日新聞の嘘

奇妙な報道の例を取り上げてみよう。朝日新聞は「「みる・きく・はなす」はいま」という連載特集で二〇二四年四月三十日に「（増幅の先に：二）越境した憎悪、拡散瞬く間　在日クルド人装い、一人で百八十件投稿」という記事を掲載した。この特集は、一九八七年五月三日に起きた朝日新聞阪神支局襲撃事件の慰霊をかね、日本の言論状況を毎年記事にしたものだが、この回は次のようなおかしな記事だった。

▼クルド人へのネットの差別やヘイトが拡散している。二〇二三年九月にSNSのX（旧ツイッター）上でクルド人と称するアカウントが「私たちはゲストではなくホスト。公用語はクルド語であるべきだ」と言った。日本人はその言葉に怒った。

▼それを書き込んだのはトルコ在住のトルコ人だ。朝日新聞の取材に「日本人は無邪気だからなんでも信じる」と答えた。

▼石井孝明が最初にクルド人問題を取り上げたと自分で言っている。この人物はクルド人団体に訴えられた。

▼川口市の食品店の女性が（クルド人問題は）「空想の世界の話みたい。私にとっては、今、目の前にある日常が現実」との語りで、記事は終わる。

全体を読み終えると、「クルド人問題は石井孝明など一部の人の扇動であり、デジタル空間で作られた妄想だ」「愚かな埼玉県民がトルコ人のイタズラに踊らされた」という印象が残る内容になっている。この記事は「現実の」クルド人問題に苦しむ埼玉県民の批判を集めた。

実は私はこの記事に登場するトルコ人の正体を投稿直後に見破り、彼の投稿をやめさせた。日本人が騒いだと喜んでいたので「問題を混乱させることをやめろ」と、叱りつけるような抗議をした。この人は「トルコ人です。ごめんなさい」と日本語で返事を送ってきた。

この事実を私はXで公表して、日本人側に反応することをやめるように呼び掛けた。これは一日で終了した騒動で大した影響はなかった。反応した日本人も少ない。そもそも埼玉のクルド人問題は、埼玉県民とこの問題を憂う人々によって現実に基づいて議論されている。トルコ人の一回のいたずらで動くような問題ではない。それなのに朝日新聞は、大事件であるかのような報道をした。

私はその後にこの情報を削除した。私は在日クルド人と取り巻きの日本人に、Xでまとわりつかれ、中傷されている。そのクルド人らが、「トルコ人がクルド人のふりをして騒いだ」と喚いた。利用されるのを避けるためだ。

この記事を執筆した朝日新聞の記者は、私に取材を申し込んできた。「クルド人へイト問題を取り上げます」と連絡してきたので、「埼玉県民も私もヘイトなどしていません。お断りします」と返事をした。すると「断ったメールを記事にする」と通告してきた。これは無礼で異様な行動だ。それで強い抗議を、朝日新聞にしたところ、私のコメント掲載は止まった。

朝日新聞記者らは、埼玉クルド人問題についてほとんど知識がなかった。それなのに、急にこの記事のトルコ人にたどり着いたのは不思議だ。それを知っているのは在日クルド人のみ。朝日新聞の記者はそこから情報をもらった可能性が高い。この仮説が正しければスキャンダルだろう。紛争の当事者の利益になるように報道しているからだ。

私がこうした事情を明らかにすると、この記事は批判を集めてネット炎上をした。そして私はクルド人から情報をもらったのか、取材を申し込んだ朝日新聞記者に逆取材をした。すると同社広報部から「取材の経緯に関わることなのでお答えを差し控えます」と、予想通り何も言わない返事が返ってきた。

◆声を上げる人を批判——欧州の失敗を繰り返す?

他のおかしな報道もある。現在、埼玉県越谷市では、クルド人による不法投棄、ヤードでのトラブルの問題が広がっている。立沢貴明同市議会議員は二〇二三年十一月に「クルド系解体業から農地へのヤードの転用を依頼されたが断った。外国人に安易にヤードを貸すことはやめよう」という趣旨の呼びかけをXで行なった。彼は行政書士でもある。ところがこの呼びかけに対して「クルド人へイトをした」と、朝日新聞に直後に報道され、埼玉県の行政書士会から一年間の会員資格の停止処分を受けた。

その際に行政書士会に大量の抗議電話とメールがあり、それと同時に朝日新聞が報道したという。私は立沢議員の呼びかけが当たり前と思う。抗議がクルド人によるものか、日本人によるものかは不明だそうだ。そして越谷市民による、立沢議員への抗議はほぼなかった。

立沢議員は「言葉足らずな面があり、その点は反省します」と述べた。特定の勢力と、朝日新聞は、協力して動いているのではないかという疑惑については「分からない」という。

問題の本質は、困っている日本人、越谷市民を助けることです。もちろん外国人の人権は大切ですが、それを第一に行なうべきでしょう。批判が強くなると、外国人問題でものを言うことができなくなり、人々が発言に萎縮してしまう。すると、その問題が社会的に取り上げられず放置され、悪化する場合もあるでしょう。越谷市の外国人問題でも、そうしたことが起きることを懸念しています。

そう立沢議員は語る。日本のメディアは、埼玉クルド人問題で、日本人が苦しんでいるのに、クルド人・外国人を擁護する記事を報道し続ける。知ろうとする人の要求や、当事者の埼玉県民の声を無視するのは理解できない。この理由は推察でしかないが、人権問題をタブーにする各メディアの組織の論理にとらわれてしまっているのだろう。

西欧では移民・難民問題で、かつてその問題点の報道がほとんどされず、批判が「差別」として攻撃を受けた。特に、リベラル勢力が、政治的な対立に絡めて、それを行なった。それで自由な議論が阻害され、事実を国民が正確に認識することが遅れた。それが今の問題悪化の一因になっている。同じことが日本で起きつつある。メディアの異様な報道を、正当な批判によって止めなければならない。

クルド人問題が解決しない。それは、この章で述べたような国、自治体、一般人、メディアなどあらゆる立場の日本人の問題行動の積み重ねが影響している。一つ一つ取り除くのは大変な手間がかかるほど、問題は複雑になっている。そして別の外国人をめぐる問題でも、ここで登場したような問題をこじらせる日本人たちがやってきて、同じ理屈を使いながら、問題を混乱させて解決を妨げそうだ。暗い気持ちになる。それでも、埼玉県民、日本人の平穏な生活を取り戻すために、問題を白日の下にさらし、取り除いていかなければならない。

第六章 日本の崩壊を今ここで止める

欧州諸国がどんなだったかを覚えている人は、ただ死に絶えていくのかもしれない。おそらくその時、すべての問題は――特に「それが問題だ」と認識してしまうことの問題は――なくなるのだろう。おそらくは。しかしことによると、問題だらけのまったく新たな世界が、今しも誕生しつつあるのかもしれない。

――『西洋の自死』ダグラス・マレー
（英国のジャーナリスト）

共生に失敗した西欧、過ちを繰り返す日本

◆移民政策で国が壊れる

埼玉クルド人問題とよく似た状況は、すでに西欧で三十年前から発生し現在も進行している。移民と難民によって、治安の悪化が生じ、国の形、さらには社会のあり方が変わろうとしている。

警告は続いていた。二〇一七年に英国のジャーナリスト、ダグラス・マレーの著書『西洋の自死』が評判になった。要旨は次のようなものだ。

欧州各国の国民は世論調査では常に過半数以上が一九六〇年代から移民の受け入れに否定的だった。それにもかかわらず政策で国民の声は反映されず、移民は増え続けた。公の場やメディアには、移民・難民を歓迎する声があふれた。移民国家化は経済成長に必要で、少子高齢化社会への有効な対策である。国は多様性に寛容であるべき。グローバリゼーションの流れに不可避である。そして気の毒な難民を助けよう。そんな理屈が述べられた。

今から三十年前には、西欧では未来の外国人の流入の影響を甘く考える政治家ばかりだった。

それどころか国を憎む勢力がどの国にもいた。外国人への国境の開放を、過去の西欧による植民地支配の「贖罪行為」とする人もいた。また自ら外部の力を使って国を変えようとする勢力もいた。そして一九九〇年代から強まった「ポリコレ」(Political Correctness : 政治的正しさ)の追求が、そうした社会の破壊の進行を助長した。

ところが外国人の西欧諸国への流入で、その集住する地域で治安の悪化が発生。移民は本国の習慣をそのまま持ち込み、同化しなかった。その増加で教育、街づくり、社会のあり方が大きく変わった。また賃金水準が低下して、中低所得層は打撃を受けた。しかし企業と高所得層、そして移民は利益を得た。

西欧諸国は寛容の実現のために移民を入れたはずだった。ところが流入したイスラム教徒は、非イスラム文明への敵意をあらわにする、女性や同性愛など性的な少数派に対する差別意識を持つなどの不寛容な人たちだった。その増加は、人権の尊重、法の支配、言論の自由という西欧諸国の根本的価値観を揺るがすようになった。

欧州諸国の政府機関、メディアは、こうした移民による犯罪、問題点を極力隠蔽しようとした。移民の拡大に疑問を持つ政治家や一般市民の疑問を、政治家、メディア、社会エリートは「極右」「人種差別主義者」「排外主義者」と批判、また無視した。移民反対は、国民の大半にとって「利益にならないから反対する」という当たり前の行動なのに、その批判者は、倫理に絡めて問題の論点をずらした。そのために問題は放置され拡大した。

元からいた白人住民が少数派になる地域が増え、多産の移民の増加により数十年後、各国の中心の民族が入れ替わる可能性が出ている。国の姿が変わってしまう。マレーは、西欧のもともとの姿を知る人がいなくなって、問題が解決してしまうかもしれないとしている。そして、こうした各国政府の行動を「自死」と彼は指摘した。

◆西欧の失敗を追随する日本

この要約を見て、埼玉クルド人問題によく似ていると、読者の誰もが思うだろう。ただし少し違う面がある。在日クルド人問題は移民ではなく、不法滞在の外国人を管理できない日本の行政の能力の低さの問題だ。また西欧のように、外国人流入の流れに特定の人々の意思が反映しているとは思えない。移民を入れて社会を変えようなどの異様な目的は見えない。日本と西欧に流入した外国人の欲望は同じだが、日本では関係者の無責任、だらしなさが集積して、問題が大きくなってしまったように思える。

日本社会には、強い権力者がいない。各組織の中の中間集団の力が強い。会社で言ったら課とか、国で言ったら省庁の下に規制で作られた利益集団などだ。行政は各組織が自律的に動き、他の領域に踏み込まない。埼玉クルド人問題でも、国、県、市、そして警察・検察、入管がそれぞれ動き、権限が分散され、誰もが責任を持って主体問題を解決しないことを、本書で示した。問題解決に取り組む市議会議員、個々の役人、民間人はいる。私もその一人だ。しかし、その無責任の構造の中で、結局、何もできなくなってしまう。

こうした日本の行政、社会機構は非常に非合理的なシステムだ。しかし同じ日本人だから、相互に調整し、なんとかトラブルを起こさないできた。ところが外国人に対しては、その「阿吽の呼吸」は通じない。外国人は、日本のことが分からない。そしてクルド人は、これまで述べてきたように自分勝手で教育を受けていない。日本のシステムを理解せず、粗暴で、気ままに動く。日本のシステムはこうした外来の異分子に耐えられない。だから混乱が発生し修正できない。

私が埼玉クルド人問題で困ったのは「責任者不明」ということだ。ごみ、騒音、危険運転、犯罪抑止、教育などのさまざまな問題を、それぞれ誰が責任を引き受けて解決するのか分からない。時間が過ぎ、住民の被害だけが増えていく。

在日クルド人はわずか数千人だ。外国人を数百万人単位で増やすことを日本政府は構想する。これは狂った行為だ。繰り返すが、この日本的な曖昧さだらけの行政の仕組みでは、ある程度の強権が必要な外国人への適切な対策はなかなか打てないだろう。これが西欧の自死と違う「日本の自死」の姿だ。

埼玉クルド人問題が、このまま放置され、クルド人の二世、三世の非行問題が修正されないと、混乱はますます深まり大変なことになる。そして日本では、移民国家への転換の中で、埼玉クルド人問題と似た混乱が、さまざまな国のさまざまな民族との間で起きてくるだろう。日本政府は国、各自治体、司法機関が、同じ過ちを繰り返しそうだ。

◆世界で広がる外国人政策のゆり戻し

西欧とアメリカは、この移民を入れる「自死」とも言える状況に対して、是正しようとしている。外国人の流入を止めようという動きが広がっている。

スウェーデン政府は二〇二四年八月、自主帰国を決めた移民に対し、一人当たり最大三十五万クローナ（約四百九十万円）を給付する新制度を発表した。二六年から実施する。移民は結局、いらなかったということだろう。

二三年七月にフランス全国で広がった暴動は、移民二世、三世が中心になって起こしたとされる。また百三十人が亡くなった二〇一五年十一月のパリ同時多発テロも、テロ集団のイスラム国が実行したが、そこにはフランス国内で育った移民の二世、三世が参加した。何世代が経過しても同化せず、一部が反社会的存在になるということは、こうした事例で示される。

また移民だけでなく難民の圧力も加わる。一五年、一六年からのシリア内戦や中東からの難民を、百万人規模でEU諸国は受け入れた。二三年に全EUの合計で約百五万人の難民申請があった。再び増えているのだ。その順は、シリア、アフガニスタン、トルコ（全体の八パーセント）となっている(1)。このトルコの難民申請者は、主にクルド人と見られる。

移民・難民の流入増加は、欧州各国で移民反対を掲げる右派政党、保守政党の躍進につながっている。二四年六月の欧州議会選挙でも、それらが躍進した。今後は政策に影響を及ぼしていくだろう。

EUを離脱した英国でも不法移民の流入が継続している。政府は資金援助と引き換えにアフリカのルワンダに不法移民を移送する計画を二四年夏に進めていたが、保守党から労働党への政権交代で今、棚上げになっている。

ドイツも、トルコとの間で、問題を起こしているトルコ人の強制送還をドイツ政府の負担で強化することに二四年十月に合意した。これは問題を起こしているクルド人を想定したものだろう。

二〇二四年七月のイタリアのプーリアで行われたG7では、議長国のイタリアのメローニ首相の主導で移民、難民問題が話し合われ、密入国、国際犯罪の抑制が共同宣言に入った。またフランシスコ・ローマ教皇が招待された。これは右派のメローニ首相が、「欧州の伝統」を強調する意図があったとされる。

世界からの不法移民、難民に苦しむ米国では二〇二四年には再びトランプ元大統領が共和党の大統領候補になり、不法難民、移民問題が大統領選挙の重要な争点になった。同年十一月にトランプ氏が勝利し、難民・移民問題は同国で大きな政治問題になり続ける。

二〇一〇年以降の中東・アフリカから先進国へのイスラム教徒の移民の流れは、これまでの移民と様相が違う。その数の多さ、また現地の文化に変容を迫る姿勢から大きな社会的なインパクトを世界に与え、世界史的な転換点であるように私には思える。このような時代の渦中にいることを、日本人の多くは知らない。

そうした状況の中で、移民の受け入れに動く、そしてクルド人問題という不法滞在者管理に動かない日本政府の行動は明らかにおかしい。

（1）「再び欧州に押し寄せる移民・難民―二〇一五～一六年を上回る規模の難民が欧州に流入」（第一生命経済研究所リポート、二〇二四年四月二日）

埼玉の今は日本の未来を示すのか

◆大量の外国人で街が変わる

埼玉県で起きている外国人問題は、クルド人によるものだけではない。クルド人は日本人の生活圏で問題行為をして悪い形で目立っている。しかし他の外国人によっても地域の姿が変容している。クルド人問題と同じように外国人問題で、警察が動かず、法律の適用が難しいグレーゾーンのトラブル、摩擦も多発している。そして埼玉県の一部は増えすぎた外国人によって異国であるかのような雰囲気になっている。どのように受け止めるかは人それぞれであろうが、私はあまり良い気持ちはしない。

埼玉県の外国人では中国人の数が多い。街を歩いても、その存在感の大きさに気づく。夜の西川口の繁華街を何度か歩いた。ここはかつて風俗街だったが取り締まりの強化で二〇一〇年ごろ縮小した。代わりに増えたのは中国系と見られる会社の事務所、そして中華料理店だ。その中の中国東北部の鍋料理店に、川口の住民、日本在住の中国人ジャーナリストと二四年の暮れに入った。中は日本人半分、中国人半分で喧騒に包まれていた。中国人の料理人は日本人向けに料理を淡白な味付けにすることが多いと聞くが、濃い独特の味で、かなり美味しかった。

店内は黒社会（犯罪組織の中国語）の構成員と思われる目つきの鋭い、刺青だらけの一団もいた。こちらが関わらなければ、彼らも変なことはしない。中国人によると、「さまざまな地域の方言らしいものが聞こえた」ということだ。店員の女性は来日五年で、川口に住み流暢な日本語を話し、「日本が好きです」と愛想が良かった。

同行した川口市民は、地域社会の問題に取り組んでいる人だ。川口にいる中国人の姿は多様だという。東京に通勤するホワイトカラー層もいれば、自営業、貿易商もいる。黒社会もいるようだが、よく分からない。地元の噂だが、日本のやくざと中国人黒社会は川口で争いを避ける協定を結んでいるようだ。そしてクルド人の「半グレ」の若者が、やくざと黒社会の傘下に入り始めたという。街は中国式の派手な電飾の看板できらめいていた。異国情緒を感じる飲食店街は興味深く、観光地になっている。

しかし問題も多い。朝、静かになったこの地区を歩いた。日本の繁華街はどこでもそうだろうが、路上はごみが散らかっていた。「ごみを捨てないで」という日本語、中国語、韓国語、トルコ語、英語で書かれた垂れ幕がかかっていた。朝の光の中で、街は古く、薄汚れていた。都市経営での「割れ窓理論」、つまり割れ窓や街の汚れが増えるほど、比例して犯罪が増えるという考えを思い出した。この地域内では、治安も悪化している。

中国人はクルド人と違って悪さ自慢などといった幼稚な行動をする人は少ない。しかしビルを買うなど財力のある人がおり、埼玉で大きな力を持ち始めている。そして埼玉県警はクルド人だけではなく、中国人など外国人の取り締まりにも積極さを示さないと、地元民は不満を述べていた。警察や行政への信頼が揺らいでいる。

◆地域社会が日本でなくなる

「セミが消えた」――。

十年ほど前に、川口市にある芝園団地が、全国で話題になった。ここに集住する中国人が周辺の公園のセミの幼虫を食べてしまった。外国人には優しい報道しかしない朝日新聞も、異文化衝突の例として取り上げた。ごみや騒音などのトラブルが絶えない「荒れた」団地。ネット上には、こんな書き込みがある。ところが今は状況が変わり、芝園団地は清潔で、静かだった。

一九七〇年代にUR（都市公団）と県、市が巨大団地を建設した。ところが住民の高齢化による死亡や転出が続き、空室を中国人が埋めた。今の住人五千人のうち、半数が中国人になった。URは空室を出したがらない。公的機関であるため、行政から批判されるためだろう。そのために合法滞在の外国人に、全国で積極的に部屋を貸している。

「住民自治会、事務局が頑張ったからです」と案内した川口市民が変化の理由を説明した。中国人の自治活動への参加、ごみ出しなど生活ルールの周知を行い、団地も改造してきれいにした。日本に溶け込まない中国人もいるし、近隣の苦情はまだあるが、だいぶ減った。

また中国人の方も同化の意欲があった。セミの幼虫を採って食べてしまったのは、中国人の居住者の親世代のようだ。学校に行く子供世代と、居住者であり日本で働く現役世代が、日本文化に馴染み、親世代に教え、行動が変わったという。ただここには黒社会の人も住み「日本人に見せる表の顔と別に、裏の顔がある」と、中国人ジャーナリストが話していた。

そして時間が外国人問題をある程度は和らげるかもしれない。以前多かった韓国系の人は、今は三、四世になっている。昔はトラブルがあったが、今は日本に同化し一部は帰化して協力的だ。クルド人問題でも、一部の人は「町を守ろう」という動きに参加している。

埼玉県にはその他の民族集団もいる。インド人は料理人、東京やさいたま市に出勤するIT技術者やホワイトカラー層がいる。ただしごみを散らかし掃除をしないという。最近目立つベトナム人、フィリピン人は、技能実習・特定技能制度の外国人労働制度の枠内にいる工場労働者が多い。ネパール人は都内のインド・ネパール料理屋に勤務する。いずれも日本人とは協調的だ。もちろん、なじまない人もいる。イスラム圏の人も増えている。モスクも埼玉県南部にでき始めた。日本とほとんど関係がないアフリカのセネガルにあるイスラムの神秘教団のモスクまで埼玉県の某所にある。外国人が収入を得る方法は日本人からはよく分からない。ただし西欧で起きているような、イスラム教と現地の人々の対立はまだ起きていない。

外国人はそれぞれの民族グループごとに集まり、相互の関係はない。日本社会に閉じているクルド人集団は異質だが、他の民族も日本と同化したとは言えない。そして民族間の交流はない。クルド人は日本人の生活圏内で問題行為をする変わった動きをするから悪目立ちをする。他の外国人は犯罪行為をしている可能性はあるが、そうした人らは日本人と距離を置いているようだ。

そして外国人だらけに街がなっている。多様な容姿、服装の人がいても、私は個人的に平気だ。しかしそれに驚き戸惑う日本人がいるのは当然だ。

　この十年で地域の一体感が消えました。外国人の姿が増えすぎ、自分の住む場所が日本でなくなっていくようで怖いです。何年過ごしても慣れません。何人《なにじん》かは分かりませんが奇声が夜に聞こえますし、ごみ捨て場はいつも散らかっています。

これは蕨市の六十代の日本人女性の声だ。言葉が通じない異質な他者に不安を覚えるのは、人として当然の感覚だ。決して「ヘイトだ」「寛容さが足りない」という正論の押し付けで、片付けてはいけない。さまざまな状況が同時に起こるまだら模様の変化が埼玉県で起きている。それが日本人にとって良い変化かどうかは、現時点で私は判断できない。

私はクルド人問題を報じるようになって、全国から外国人による生活トラブルを訴えるメールが来るようになった。そして行政が放置し、警察が積極的に取り締まらず、メディアが伝えないという日本人住民の不満を聞いた。埼玉県南部と同じように責任ある立場の人が「見て見ぬふり」をしている。

外国人の増加による、日本人の当然の不安を政治、行政は黙殺してはいけない。それなのに、日本の問題に責任ある人々は「多文化共生」とか「やめようヘイトスピーチ」などの押し付けをする。日本人の側に我慢と譲歩を強いる。こうしたことは、社会を暗く、警戒に満ちたものにさせつつある。

外国人の存在をめぐり埼玉県南部で起きていることは、日本の近未来を示すものかもしれない。クルド人問題は、そこで起きている多くの問題の中の一つだ。このような多文化共生社会は、国民の望むものとは思えない。おそらく多くの人が拒否をするはずだ。

欠陥が修正される外国人管理制度

◆入管法改正、状況は変わるのか

埼玉クルド人問題は、制度の欠陥と行政の不作為によって悪化してきた。その状況が、ほんの少しだけ変わりつつある。

二〇二四年六月十日に改正入管法が施行された。制度が次の三点で変更された。これはクルド人を狙い撃ちした法改正ではないが、彼らの行動は影響を受けるだろう。

第一に難民申請の回数が原則二回になった。三回目以降は新しい審査材料がなければ、原則、受け付けられなくなる。滞在資格がない外国人は、難民申請中は強制送還されなかった。クルド人の中には、何度も難民申請を繰り返して送還を先延ばしにする人がいた。これにより長期滞在が不可能になる。

第二に仮放免の制度が変わる。仮放免とは送還前に入管施設の外に一時的に居住する制度だ。ところが、それが常態化して外国人が日本に居着く手段になった。改正法では、この運用を厳格化して病気など特別の理由でない限り認めないことにした。

第三に滞在管理の制度が変わる。これまで仮放免には保証人が必要だった。ところが、その保証人に管理、報告の義務などの責任がなかったために、逃亡するなどの事例が相次いだ。その保証人には三十万円前後の報酬で、士業（主に弁護士、司法書士）が引き受けていた。

その保証人制度がなくなり、今度は管理・報告義務の必要な「監理人」の下に、施設外の一時居住が認められる。監理人は被監理人、つまり施設外に住むことを許された外国人の動向の報告や管理の義務が課せられ、それを怠った場合には十万円以下の過料（行政罰）が課せられる。監理人の負担が大きくなりそうなので「成り手がいない」（司法書士）状況だ。

この法改正でも甘いと私は思う。トルコ国籍のクルド人のように難民が偽装である可能性が高い場合には、その申請を受け付けないということをしてもいいだろう。しかし以前よりはましだ。

出入国在留監理庁と警察庁は、埼玉クルド人問題で動く国会議員や市に「改正入管法を使い取り締まりを強化する」「クルド人は過去に警察署に激しいデモをするなどの行為をしたため警戒している」「これに伴い送還の予算も増やした」と、改正入管法の施行前に説明していた。クルド人の暴動の可能性を警戒していたようだ。

仮放免者は、一～二カ月ごとの入管への出頭が義務付けられる。改正入管法が施行された二四年六月十日以降に入管に出頭したクルド人に「送還に関するお知らせ」という案内が配布されている。「退去のための計画を策定」し、「強制的に送還する場合があります」とその案内に記載され、監理人を決める必要があることも示されている。

今後の強制送還の状況を注視し、法律の厳格な適用、上乗せ改正を国民全体で求めていきたい。

◆穴だらけの制度が変わる

埼玉県では、現在、新しくヤードの規制条例の制定が検討され、県議会で審議されている。一部の人権派団体が、クルド人への批判を止めようと、ヘイトスピーチ規制条例を主張しているが、これは県でも市でも具体的な制定の動きはない。

埼玉県・埼玉県警は川口市北部に二〇二六年度に、川口北署の開設を準備している。がここはクルド人のヤードの集積地、集住地に隣接した場所にある。在日クルド人の行動を監視、制約することになるだろう。

日本がトルコとの間の短期滞在ビザなし渡航を止める方針という情報が、二四年夏にトルコのメディアに流れた。それについて日本とトルコの両国政府が否定した。日本の外務省のトルコを担当する中近東一課に取材した。担当者は「それはトルコで流れたフェイクニュース、実際に検討しているかは話せない。現在、トルコと交渉中の経済協力協定（ＥＰＡ）での労働者受け入れと渡航問題でも詳細は言えない」としている。

ＥＰＡでは人の行き来の自由化が柱になるが、埼玉クルド人問題があれば、当然、交渉は成立しないだろう。その上で「在日クルド人の問題は認識している。外交当局として、二国間にどのような影響があるか注意深くフォローしている」と話した。

一九九〇年代初頭、イラン人が日本に増えて不法滞在を重ねた。東京の上野などに休日集まり、社会問題になった。イランと日本には当時、短期滞在でのビザなし渡航協定があった。一九九一年に日本はそれを一時停止し、今も継続している。そして強制送還を繰り返し、イラン人の数は大幅に減った。友好関係の維持は必要かもしれないが、埼玉県民がこれだけの迷惑を受けている以上、トルコとのビザなし渡航協定は止めるメリットが大きい。当然、今後検討をするべきだ。

出入国在留管理庁は、観光などの短期滞在ビザの取得を免除された外国人を対象に、日本入国前に活動内容や滞在先などを申告させ、問題があると判定された外国人の入国を拒否する電子認証システムを二〇二八年に導入する予定だ。これによって、ビザなし渡航者も管理できる。

既存の仕組みでも適切に運営すれば、不法行為を取り締まり、埼玉県民の生活は平穏になる。

それに加えて、新しい仕組みは不法滞在者、そしてクルド人をいづらくする。

◆少しだけ動揺するクルド人たち

クルド人の解体ビジネスは、経営層が同胞のクルド人を不当な形で働かせ、安く工事を受注する仕組みで成り立ってきた。クルド人解体工は、無保険で、危険な作業をし、安く使われてきた。

そうした仕組みが、改正入管法やこうした対策で止まる可能性が出てきた。そうすれば、ビジネスが縮小する。難民申請は偽装の疑いがあり、出稼ぎである彼らは日本に愛着もない。トルコに帰っても迫害などされないので、帰国が増えるだろう。またそれはクルド人の安全と人権を守ることになる。

クルド人側も、少しだけ自制する動きがある。ある経営者がSNSを使い、今回の法改正をトルコ語とクルド語で説明し、在日クルド人に呼びかけていた。トルコ語話者の人に翻訳してもらった。「ルールを守れ」「近所の人とうまくやって嫌われるな」「暴力を振るうおかしな日本人もいるので気を付けろ」「ネットでの悪口は気にするな」と常識的なことを述べていた。彼らをすぐに強制送還はさせられない以上、こうした態度は歓迎したい。

私は数年かけて在日クルド人の数を減らすことが適切と思う。その考えに異論を持つ人もいるだろう。しかし外国人の問題でどのような考えを持とうと、在留許可のない人を帰国させ、日本の法律を適切に適用することについて異論を持つ人はいないはずだ。仮放免者千人、トルコ国籍の行方不明者千人が日本から強制送還されれば、在日クルド人の数は減り、彼らの解体業、コミュニティは成り立たなくなる。法の適正な執行の結果、そうなるなら仕方がない。

そして埼玉クルド人問題の原因を起こした制度の欠陥を修正することは、この問題の解決に加えて、他の国からの不法滞在外国人の数を減らし、日本の安全の確保につながる。

問題解決に立ち上がる埼玉県民

◆「ツイデモ」で伝わる住民の本音

クルド人問題について政治家、行政やメディアなどの責任ある立場の人が、問題を直視せずに逃げている。しかし、ネットを中心に情報が伝わり、問題が知られるようになった。二〇二四年秋までの一年間で、状況は大きく変わった。これは当事者の埼玉県民が、声を上げたことによるものだ。

一つの例がある。今年二月ごろから川口市民二十名ほどが、機会あるごとに「ツイデモ」を行なっている。主にＳＮＳのＸ（旧ツイッター）上で、同時間に書き込み、反響を広げることだ。それをフェイスブックや、インスタグラムなど、他のＳＮＳにも転載した。

「ツイデモ」は特定の政治集団が、組織だって行なうことが多い。しかし何の政治的背景のない人々が中心となる「ツイデモ」は珍しい。私もこの企画に参加した。

Ｘでは＃（ハッシュタグ）をつけた単語は検索されやすくなるので、言葉をこれに繋げた。

以下のものがあった。外国人差別や攻撃的な主張はなかった。残念なことに、クルド人問題を取り上げると「差別だ」「ヘイトだ」と文句を言う日本人がいる。参加者は事前に、特定民族の言及や、攻撃的な内容にしないことを申し合わせた。その通りにすると、嫌がらせはなかった。そこから人種差別の考えとは無縁な埼玉県民の考えが分かる。

#JapaneseLivesMatter：「日本人の命の問題」（二〇二〇年の黒人への人権侵害の際にXやネットで溢れた「Black Lives Matter」運動にちなんで作られた）

#NativeLivesMatter：「住民の命の問題」

#川口に平和を　#蕨に平和を　#埼玉に平和を

#私達の想いです

#住民の声を聞いてください

次の文章をつけたイラストも流された。

私たちの存在を、消さないで - Native Lives Matter - 差別やヘイトは絶対ダメ！　でも犯罪や迷惑行為に苦しんでいる

市民の声や市民の人権は無視ですか？（前頁写真）

【右と左の方へ】どうか私たちの声を聞いて下さい　私たちの気持ちに寄りそって下さい　私たちを苦しめるのはもうやめてください　市民より

これは市外から、川口市や蕨市に、左右の政治活動家がやってきて、騒ぐことへの批判だ。

その性被害をリベラルメディアは報道しないことにした　＃川口に平和を

これは前述のクルド人解体工の女子中学生の性的暴行事件をメディアが伝えないことに抗議をしたものだ。

私もトルコ人が送ってくれたＡＩ画像（上写真）を

掲載した。幸せそうな日本の子供の画像（街並みは一九七〇年代のようだが）と、未来の日本の子供の画像だ。後者は、クルド系の凶悪なテロ組織ＰＫＫ（クルド労働者党）の旗を掲げた外国人に、汚れた町でおびえている。

反響は大きかった。私はこのツイデモのＸを何十も投稿したが、その中には閲覧が十万件以上に達するものが、いくつもあり共感は広がった。

ところが、これを取り上げたメディアの報道は、私と産経新聞のみ。市民感情と日本のメディアは明らかにかけ離れている。すでに既存メディアの影響力よりも、自分メディアを持つ一般人のネット言論の存在感の方が大きくなっている。この広がりはそれを確認するものだった。この川口市民を助けて共に考えようという日本国民の「ツイデモ」の盛り上がりは意義がある。

◆ネットでつながり情報を交換

行政も、メディアも信用できない。そのために、埼玉県民と、その協力者の間に緩やかなネットワークが幾つもできつつある。常時百人以上の人が、ネットのさまざまな場で、クルド人・外国人問題で、情報を交換しどのようにすればよいかを話し合っている。私もその緩やかなつながりに、幾つも参加している。

私はそこで共有された外に出してもいい情報を、社会にXで提供するようにした。私が毎日のようにクルド人の問題行為の情報や写真を、Xや自分の原稿として社会に提供できたのは、このつながりからもらったためだ。埼玉県民はクルド人の隣に住んでいる。そのために情報発信をすると、逆恨みをされ、何をされるか不安に思っている。そこで私が情報公開を引き受けた。クルド人や、一部の日本人による私への憎しみは増大した。それは辛く、私には損になった。しかし逃げずに立ち向かっている。私個人の損より、問題を広げる社会的意味があるためだ。

そして集まる埼玉県民の意見は収斂し始めた。現状認識は次のとおりだ。

一部外国人、一部クルド人の不法行為は決してデマではなく、実際に起こっており、住民は生活の中で危険や恐怖を感じている。日本人の人権を守る行動を、政策の第一にするべきである。現在のように滞在資格のない外国人が好き勝手に住み、日本で働く状況はおかしい。これは現行法でも認められていない。国の政策が自治体と住民に負担を強いている。

そのために、以下の行動を、行政機関は行なってほしいと埼玉県民の多くの人が考えている。
一、人種差別は許されない。現行法の枠内で不法行為をする外国人を取り締まるべき。
二、出入国在留管理庁は、犯罪や不法行為をした外国人は即座に帰国させるべきだ。地域のルールや慣習を守る外国人のみが埼玉に暮らすべきだ。日本人が無理をして自らの生活をゆがめたり、税金を負担したり、迷惑行為を我慢する必要はない。

三、埼玉県警、さいたま地検は、不法行為をする外国人に法を適正に適用、執行してほしい。そして取り締まりが緩やかな、外国人に有利な警察・司法制度を是正するべきだ。

四、「共生」というきれいごとを述べる段階は終わった。外国人が暮らしやすくする政策は、おかしな外国人も当然呼び寄せてしまう。外国人の各種優遇政策は見直すべきだ。

五、自警団とか、悪い外国人の「村八分」など、攻撃的取り組みを唱える人がいるが、埼玉県民には、そのような意見はあまりない。

六、メディアや政治家、市民団体の異様な外国人擁護については、「おかしい」と批判する。

こうした意見は、当然の主張だ。問題行動をする一部クルド人との「共生」はこれまで埼玉県民が試みてきて失敗した。我慢に我慢を重ねて現在の状況があるので、もう無理だろう。

◆外国人問題解決、意見を形にする

そして今、このネットワークで話し合っているのは、こうした意見を形にすることだ。私は、次のようなことを呼びかけており、多くの賛成をもらっている。

私たちは仕事を持っている日本国民で、クルド人問題ばかりに向き合えない。政治家に動いてもらい、行政の実行を求めるべきだ。そのために、政治的に中立性を保ちつつ、外国人・クルド人問題に限って、真面目に取り組む地方と国政の政治家を支援する。そして消極的な議員への落選運動をする。選挙妨害は犯罪だが、落選運動は有権者として当然の権利だ。

またこのネットワークに参加する埼玉県民は、問題を起こす外国人が大規模に活動できないようにすることを県民に呼びかけている。問題を起こす会社、クルド人の名前を交換し、土地を貸さないなどを呼びかけることを実際に行なっている。これは特定民族への嫌がらせではなく、問題行為を事前に抑制するという当然の行動だ。今後、具体的な動きを関係者と共に行っていきたい。

インターネットにより「#埼玉に平和を」という目的で人々が集う。そして社会防衛を自ら行なう。こうした新しい社会運動の兆しがこの外国人、クルド人による治安悪化で生まれつつある。頼りない行政だけには任せられず、自分で動いている。

いうまでもなく、日本の一般国民は見識があり健全だ。しかし、そうした人々の行動をまとめる社会運動の方法がこれまでなかった。災いの結果とはいえ、こうした前向きの集まりが生まれているのは、励まされ、希望が抱ける動きだ。

国を開く、負の側面を直視する

◆「共生」の準備はできていない

ここまでの報告を読んで、読者の誰もがこのように思っただろう。

「日本は外国人と共生できるのか」

私は、現時点ではできないと思う。日本の公的な制度は、外国人を大量に受け入れる準備が全くできていない。外国人の個人での生活は当然可能だが、外国人労働者の集団を住まわせたら、社会混乱という負の面が、それによって得られる利益より遥かに大きくなるだろう。

本書のポイントを振り返ってみる。埼玉県南部では、外国人、特にクルド人の不法行為、迷惑行為に、日本人の住民が苦しむ。しかし政府、埼玉県警、自治体の各行政機関は、その取り締まり、そして数を減らす行動をしない。政治家も、メディアも積極的に問題を触らない。それどころか問題を提起する人々を「ヘイト」と攻撃し、自由な言論活動を萎縮させようとする。そしかし治安や生活環境が悪化し、地域からの日本人の流出が始まった。

在日クルド人の働く解体業では、彼らの値引き受注により混乱が生じている。利益を得るのは、外国人と一握りの日本人だけだった。「外国人労働者が産業に必要」という主張は誤りだ。クルド人は日本社会に同化せず、権利を主張だけして、税金を使い、社会コストが大きくなっている。これは他の外国人もおそらく同じだろう。

そして住民は自分に何も責任はないのに、問題の渦の中に巻き込まれてしまった。私も外国人犯罪に巻き込まれた。そしてこの恐ろしく、ばかばかしいことが、埼玉南部全体に広がり始めている。

埼玉クルド人問題は、外国人の人権問題でも移民問題でもない。「日本政府が不法滞在の外国人の管理に失敗した」、そして「埼玉県に住む日本人が正規の在留資格のない外国人により人権を侵害されている」という問題である。こうした失敗例があるのに、日本は移民受け入れ政策に舵を切った。埼玉と同じ混乱は全国に広がるはずだ。これが本書の主張のまとめだ。

ところが埼玉クルド人問題、外国人問題は、公の場で議論はほとんど行われていない。二〇二四年九月には政権与党の自民党総裁選挙が戦われた。候補者は口当たりの良いこと言葉ばかり並べるが、岸田政権で行われた移民拡大の政策についての言及はほとんどない。そして外国人材の受け入れ拡大を政策に掲げる石破茂氏が自民党総裁となり、十月一日に首相に選出された。この状況では、拡大する外国人の流入に歯止めがかかるとは思えない。外国人問題で、西欧と同じように日本が「自死」の道を歩んでいるように見える。

◆外国人による日本社会の破壊を認めるのか

そして埼玉クルド人問題への向き合い方は日本の国のあり方を決めることにつながる。

私たちが今いる日本社会は、建前と理想を込めた描写かもしれないが、次のような特徴を持つ社会と私は認識しているし、多くの人が同意するだろう。

日本の社会は優しさ、相互の思いやりによって成り立つ。そして、それに基づく人々の結びつきがあり、安定し治安の良い社会を作っている。人を大切にし、男女が平等で、人は自由であるという価値体系に基づいている。そのシステムは民主的で、生命は尊いものとして尊重され、法の支配に基づく。「すべて国民は、個人として尊重される。生命、自由及び幸福追求に対する国民の権利については、公共の福祉に反しない限り、立法その他の国政の上で、最大の尊重を必要とする」（憲法十三条）という幸福追求権を認められる。

そしてこの日本社会は今を生きる私たちだけによって作られたわけではない。「国家は（中略）協力協定によって作られるのです。（中略）生きている人びととすでに死んだ人びととの間で、またこれから生まれてくる人びととの間で結ばれる協力協定なのです」と、私が好む十八世紀の英国の保守派の哲学者・政治家のエドマンド・バークは「フランス革命についての省察」（訳文は二木麻里訳、光文社古典新訳文庫）でこのように国のあり方を定義する。私はこの意見に同意する。過去、そして未来の日本人との繋がりの中で、この国は成り立っている。

不法行為を働くクルド人は、日本の行く末を深く考えているわけではないだろう。しかし彼らは、その存在によって、そうした日本の社会のあり方に挑戦している。法の隙間を利用して、おそらく大半の人が「難民」と嘘をついて日本に居着く。これまで示したように、日本社会と日本人、社会の規範を尊重しない。日本を学ぶこともない。さらに一部はテロ組織ＰＫＫを支援している。

これは日本という国、それを構成する上記の社会を破壊しかねない行為だ。そこには、過去、未来、現在の日本と日本人への配慮はない。そしてクルド人だけではなく、最近増える犯罪を起こしている不法滞在の外国人にも、その懸念は当てはまる。自由な日本社会を破壊する自由を、外国人に認める必要はない。日本人の先人が蓄積してきた富、そして私たちが作ってきた、そして次の世代に伝えるべき社会制度を、不法滞在をする外国人に勝手に使わせる必要はない。

そして日本人が外国人によって入れ替わる必要もない。欧州で進行しているように、多産で異なる宗教、異なる文化、異なる言葉を持つ人を大量に日本に入れたら、国の形が変わってしまう。今、埼玉県で起きつつあることは、日本全国に広がり、国の姿が変わるかもしれない。

それに同意する国民は、どの政治的立場の人であれ少ないだろう。

日本には、社会、国を愛するということを堂々と公言することにためらいを持つ人が多いように思う。確かに愛国心の過剰な強調はさまざまな弊害を生む。そして国境をなくし、世界が結びつくという、多くの人が唱える夢のような理想と対立する。

しかし私は国家や愛国心といった言葉や概念を恥ずかしがるべきではないと思う。破壊しようとする外国人、クルド人に、埼玉県民と、日本人が立ち向かっている。「故郷を守りたい。クルド人に日本人の女子中学生が暴行され、無免許、無保険の不法運転で若者が死ぬ。こんなことが許されますか」という川口市民の声は、当たり前の叫びだ。埼玉クルド人問題に日本全国から関心が集まっている。それは賢明な日本国民が、この問題に内在する日本社会の破壊の危険を気づいているからだ。

日本の世論の大勢も、私も「外国人の受け入れ」すべてに反対という頑迷な姿勢はない。差別、外国人排斥などの考えを持つ人は、ほとんどいない。今後多くの外国人が日本社会に増えていくという現実を前提に、「問題のない受け入れにはどうすればよいか」と、考え、主張しているに過ぎない。

◆解決のために何をすればよいか

問題意識、取材を通じて、埼玉クルド人問題で、私はやってほしいことが政府、そして社会全体にある。すでに埼玉県民の多数の意見は本章でまとめた。その中で特に重要なものは以下の六点であると思う。

一、外国人ではなく、日本人の人権最優先で、外国人政策を考えるべき。
二、外国人労働者を、経済的利益を得るためだけに使ってはいけない。彼らの人権、そして日本への影響を考えるべきだ。

外国人労働者の受け入れは、彼らの人生を日本が引き受けることになる。年金の利用、子孫の教育。そうした準備は、日本でできていない。そして、クルド人を例に、外国人労働者が多くの人権侵害の被害を受けかねないことを私は指摘した。

もちろん少子高齢化の中での日本における労働力不足問題は深刻だ。それを安易な外国人の受け入れで解決することは弊害が多い。産業ごとに人手不足の個別対策を練らなければならないが、ＩＴの進化、ロボット技術の進化の中で、知恵を絞る余地はあると思う。私は大学で経済学を学んだ。「雇用が不足するなら、労働市場で各産業、各企業は、賃金を上げ、労働者に選ばれなければならない」という当然の結論を学んだ。日本の産業界、各企業はそうした当たり前の行動を忘れ、外国人労働者拡大の安易な解決策に走りすぎていないだろうか。

三、日本人と同じように、外国人に法を執行する。

四、不法滞在外国人を減らし、管理可能な少数に外国人を制限する。

人間を管理し尽くすことはできない。最初の段階で入れてはいけない。

またクルド人に限らず、外国人への安易な滞在資格の乱発をやめ、滞在する外国人の質を確保しなければならない。犯罪者は強制送還し、入国拒否をするべきだ。特にクルド人はここまで問題が起きているのだから、数を管理できるまで縮小させる必要がある。シンガポールや成長するＵＡＥ（アラブ首長国連邦）などの中東諸国は、外国人労働者の違法行為はすぐに強制送還し、数を増やさない管理を徹底している。

そして日本国民は治安維持のための、警察官、通訳の増員などの治安強化の経費を日本国民は認めるだろう。トルコ語、クルド語など日本で学ぶ人の少ない言語での通訳の早急な増員は難しいだろう。そうなら入国段階での受け入れを厳しく制限するべきだ。

五、法律の範囲内で対策を行い、政治的に中立を堅持。差別は日本社会を腐らせる。

この問題では自警団の発足の動きや、超法規的措置による解決を求める声がある。これは社会のルールを破壊しかねない。さらに特定民族などをターゲットにする政策や対応は外国人差別につながりかねず、また正当性がないので、批判で失敗するだろう。差別は、社会を腐らせるし、前述した日本社会の姿にも反するものだ。

六、権限が国、県、市、そして警察・検察、入管などたくさんの組織に分かれすぎている。時限的なプロジェクトチームを作り、目標を決めて対策を同時に行なう。

こうしたことは社会的大問題の解決で、日本の行政で行われてきた。不良債権処理、原発事故などだ。一般の人には映画『シン・ゴジラ』（二〇一六年）で出てきた、巨大不明生物対策特命担当大臣の下に置かれた特命チームをイメージすればよい。ゴールを目指し、同時に各省庁が対策をする。その落とし所は、特定民族攻撃の批判を避けるため「法の適用を増やし、犯罪者と不法滞在者を強制送還する」程度だろう。しかし、それをやれば在日クルド人社会は、おそらく解体する。不法滞在者の労働に依存して解体ビジネスが回っており、それができなくなるからだ。

この問題では県レベルが中心になるべきだが、政治の後押しが必要だ。住民の安全な生活のために、行政官や警察官などの司法警察職員を国政から地方までの政治家、自治体首長が批判から守り、萎縮せずに法の適正な執行、政策の立案ができるようにしなければならない。しかし残念ながら、日本の政治家はこの問題から逃げてきた。彼ら、そして行政を問題に向き合わせることが必要だ。

遠回りに見えても、適正な手続き、そして法に基づいて、外国人への対策を行なう必要がある。日本の外国人管理制度は穴だらけだが、日本人の人権と社会秩序を守る観点から、少しずつ手直しをする。頼りなくても、警察と行政に取り締まりを促し、支える必要がある。そして国民の希望に応えて、ぜひ政治と行政は実行してほしい。

◆日本と外国人の関係を考える熟議の時

以上の前提の上に、日本の未来と外国人労働者、移民・難民の在り方を、国民全体で熟議するべき時だ。現状は、それが公の場で議論をされず、国民が決定することなく、なし崩し的に移民の流入が拡大している。

現在、埼玉県で起きているクルド人問題の現実を知れば、「準備のないままの外国人労働者の受け入れを止めよう」という答えを、賢明な日本国民は必ず選択するだろう。実際に私はクルド人問題の取材を始めて三カ月で、移民容認の考えから、外国人労働者の受け入れ慎重派に変わった。

埼玉クルド人問題は、外国人労働者の急増によって起こり得る危険な未来を予想するための、重要な先例になっている。今苦しんでいる埼玉県民を救い、そして日本の未来のために解決の先例を作る必要がある。

日本が西欧のように「自死」する前に、何をすべきか。本書の報告で示された情報を知り、できれば埼玉に行って現場を見て、読者の皆様に日本の未来を考えていただきたい。本書の執筆時点が、埼玉クルド人問題を解決できる、そして準備なき移民開国による日本の混乱を止める最後の時であると思う。

おわりに――外国人の力を適切な形で日本に取り入れる

私は埼玉クルド人問題をきっかけに、日本でのさまざまな外国人の就労実態の取材と執筆を行なっている。それらの取材も、記事や本の形で発表していきたい。

日本のメディアでは外国人労働者問題について「かわいそうな人を助けよう」と言う単純な視点の報道が多い。そして政府からは「共生を進めよう」というきれいごとばかり聞こえる。それらのような単純な見方では解明できない複雑な様相をしている。

茨城で働くインドネシア人の青年は、朝から晩まで農業で働き、貯金は推計で一千万円を超えている。その金を元手に故郷で農業をする予定という。「私は農業で成功する。大地主になる。農業技術を学び、金を貯める」と意気込む。

その一方で、日本で苦しむ外国人がいる。今は制度の変更で少なくなったが、十年ほど前は外国人労働者が日本に出稼ぎに来る前には、多額の経費がかかった。そのために借金を背負って来日し、それが返せずに日本で犯罪に走り発覚を恐れて自殺したベトナム人がいた。その経緯を関係者から聞いた。自己責任ではあるが、日本の制度や社会はこのベトナム人に冷たい面があった。また日本各地で、埼玉クルド人問題と同じような、外国人と日本人のトラブルが発生している。

日本で働くことで、日本に利益をもたらす外国人がいる。停滞した日本を外国の人々の知恵や活力で活性化でき、その外国人も幸せになるなら素晴らしいことだ。そして日本で不幸になる外国人がいるならば、それをできる限り減らすことを手伝いたい。外国人労働者の大半は、真面目に、合法資格で労働をしている。しかし外国人労働者の増加によって、関係のない日本人が苦しむのは許されない。

外国人の在留制度の枠外にいて問題を起こし続ける在日クルド人の行動のおかしさを、外国人労働者の取材であらためて感じた。外国人との共生、外国人の人権を守ろうとするなら、ルール破りを容認してはいけない。不法滞在者にルールを守らせ、ずるいことや悪いことをする外国人が利益を得る仕組みを壊す必要がある。それを放置すれば外国人に関係する制度全体が腐り、壊れていくだろう。

私は外国人が大量に日本に入って住むことは問題が多く発生し、準備なき開国は止めるべきだと考える。現在の北欧、西欧諸国のように、短期間で国を大きく変えてしまうほど外国人を大量に受け入れることは愚行だ。私は、日本ができる限り、今の姿をとどめてほしいと願う。それは共通の文化、言語、価値観を持った人が、静かに暮らす社会だ。

しかし、日本は少子高齢化を一因に、経済、社会が活力を失っている。今の姿が維持できなくなりつつある。

「変わらずに生き残るためには、自ら変わらなければならない」。

ルキノ・ヴィスコンティ監督の映画『山猫』で、主人公の老貴族はこう語り、十九世紀イタリアの政治改革を支持するが自らは公職から身を引く。国の衰退の危機とその恐怖に直面する多くの日本人は、この言葉に同意するはずだ。

その手段として外国人を受け入れることを日本人が選択するなら、適切なルールづくりとその執行を行なう必要がある。埼玉クルド人問題は、外国人が大量に働き、居住するようになった新しい姿の日本で最初に起きた大問題になりそうだ。繰り返すが、それを早期に解決し、変化に備えるための成功した先例にする必要がある。

本書は取材をした約二百人の日本人、数十人の外国人の協力によってできた。プライバシーと安全のために名前を出せないが、感謝を申し上げる。さらに一部勢力から批判を受けかねない本の出版を認めてくださったハート出版の皆様に、お礼を申し上げたい。

石井　孝明

◆著者◆
石井　孝明（いしい　たかあき）

1971年東京生まれ。慶應義塾大学経済学部卒。時事通信記者、経済誌副編集長、編集プロダクション経営などを経て、フリーランスのジャーナリストとして経済、環境、金融問題を取材、執筆活動をしている。
情報サイト「with ENERGY」「journal of Protect Japan」を運営。著書に『京都議定書は実現できるのか』（平凡社）など。

連絡先 E メール：ishii.takaaki1@gmail.com

埼玉クルド人問題

令和 6 年 12 月 25 日　第 1 刷発行
令和 6 年 12 月 31 日　第 3 刷発行

著　者　石井　孝明
発行者　日高　裕明
発　行　株式会社ハート出版

〒 171-0014 東京都豊島区池袋 3-9-23
TEL.03（3590）6077　FAX.03（3590）6078
ハート出版ホームページ　https://www.810.co.jp

定価はカバーに表示してあります。
乱丁・落丁本はお取り替えいたします。ただし古書店で購入したものはお取り替えできません。

ISBN978-4-8024-0188-3 C0031

印刷・製本　中央精版印刷株式会社

アメリカ人が語る 沈む超大国・アメリカの未来

内戦突入、武装民兵、大都市崩壊、州の独立…そのとき日本が歩むべき道は？

マックス・フォン・シュラー 著

ISBN 978-4-8024-0183-8　本体 1500 円

禁断の国史

英雄 100 人で綴る教科書が隠した日本通史

宮崎 正弘　著

ISBN 978-4-8024-0181-4　本体 1500 円

［新字体・現代仮名遣い版］世紀の遺書―愛しき人へ

大東亜戦争　終戦８０周年記念出版　戦争裁判で斃れた人々の遺言集

巣鴨遺書編纂会　編　ジェイソン・モーガン　解説

ISBN 978-4-8024-0185-2　本体 2500 円

移民侵略

死に急ぐ日本

佐々木 類　著

ISBN 978-4-8024-0171-5　本体 1600 円

慰安婦性奴隷説をラムザイヤー教授が完全論破

民主化運動か？北朝鮮が仕組んだ暴動なのか？

ジョン・マーク・ラムザイヤー　著　藤岡信勝・山本優美子 他訳

I978-4-8024-0172-2　本体 1800 円

ウイグルを支配する新疆生産建設兵団

東トルキスタン秘史

ムカイダイス　著

ISBN 978-4-8024-0160-9　本体 1600 円